초등 영문법

진짜진짜

쓰기 문법

JUMP 1

siso Study

지은이 임수영

이화여자대학교 영어영문학과를 졸업하고 같은 대학교에서 영어교육학 석사 학위를 받은 뒤,
영국 University of Nottingham에서 ESP를 수료하였습니다. EBS, 강남구청 인터넷수능방송, 웅진 씽크빅,
윤선생, 튼튼영어 등 다수의 교육 기관과 교육 현장에서 강의를 하며 영어 교육에 힘썼습니다.
현재는 배재고등학교 교사로서 아이들에게 영어를 가르치고 있고, 방송통신중학교 및 고등학교에서
방송 강의를 진행하고 있습니다.
저서로는 《EBS 중학 영어 개념 끝장내기 문법》, 《튼튼영어 Power Grammar》, 《생강 영어 문법 1》,
한국평생교육진흥원 문해교과서 중학교 3학년 영어, 방송통신중·고등학교 영어 교과서 등 다수가 있습니다.

그린이 김영진(oziN)

어릴 적부터 그림 그리기를 좋아해 자연스럽게 디자인을 전공하게 되었습니다. 앞으로도 계속 그림을 그리며
아내와 하나뿐인 소중한 딸과 함께 건강하고 즐겁게 하루하루를 보내길 소망합니다.
학습 출판, 단행본, 광고, 웹 등 다양한 매체에서 현재 프리랜서 일러스트레이터로 활동하고 있습니다.
그린 책으로는 《조선스타실록》, 《조선 왕 온 더 보드》, 《YBM 일본어 첫걸음》, 《청춘영어》,
《미드영어 특급패턴 202》 등 다수가 있습니다.

진짜진짜 쓰기 문법 JUMP 1

초판발행 2021년 4월 20일

지은이 임수영
그린이 김영진
엮은이 진혜정, 송지은, 김한나
기획 한동오
펴낸이 엄태상
영문감수 Kirsten March
디자인 권진희
마케팅 본부 이승욱, 전한나, 왕성석, 노원준, 조인선, 조성민
경영기획 마정인, 최성훈, 정다운, 김다미, 오희연
제작 조성근
물류 정종진, 윤덕현, 양희은, 신승진
펴낸곳 시소스터디
주소 서울시 종로구 자하문로 300 시사빌딩
주문 및 문의 1588-1582
팩스 02-3671-0510
홈페이지 www.sisostudy.com
네이버카페 cafe.naver.com/sisasiso
인스타그램 instagram.com/siso_study
이메일 sisostudy@sisadream.com
등록번호 제2019-000149호
ISBN 979-11-91244-14-4 64740

머리말

시중의 많은 문법 교재들을 볼 때마다 아쉬움이 남을 때가 많습니다. 지나치게 어려운 문법 용어와 예문들 때문에 학생들이 영문법의 재미를 느끼기도 전에 영어에 대한 두려움을 가질 수도 있기 때문입니다.

《진짜 진짜 쓰기 문법 JUMP》는 여러분의 눈높이에 딱 맞게, 최대한 쉽게 표현된 문법 용어와 간결하고 쉬운 예문들로 구성되어 있습니다. 그리고 무엇보다 여러분을 꼭 닮은 엉뚱하고 귀여운 두 캐릭터 문법이와 영이가 등장해 선생님과 함께 영문법에 대한 질문을 주고받으며 영문법을 재미있게 풀어나가는 내용입니다.

이 책을 통해 여러분이 쉽고 부담 없이 영문법의 무한한 재미를 즐기시길 바랍니다! 어려운 영어 공부라고 느끼지 말고, 재미있는 책을 읽는다는 기분으로 즐겁게 한 장, 한 장 꾸준히 읽어나간다면 어느새 영문법의 재미에 쏙 빠지게 될 거랍니다!

저자 임수영

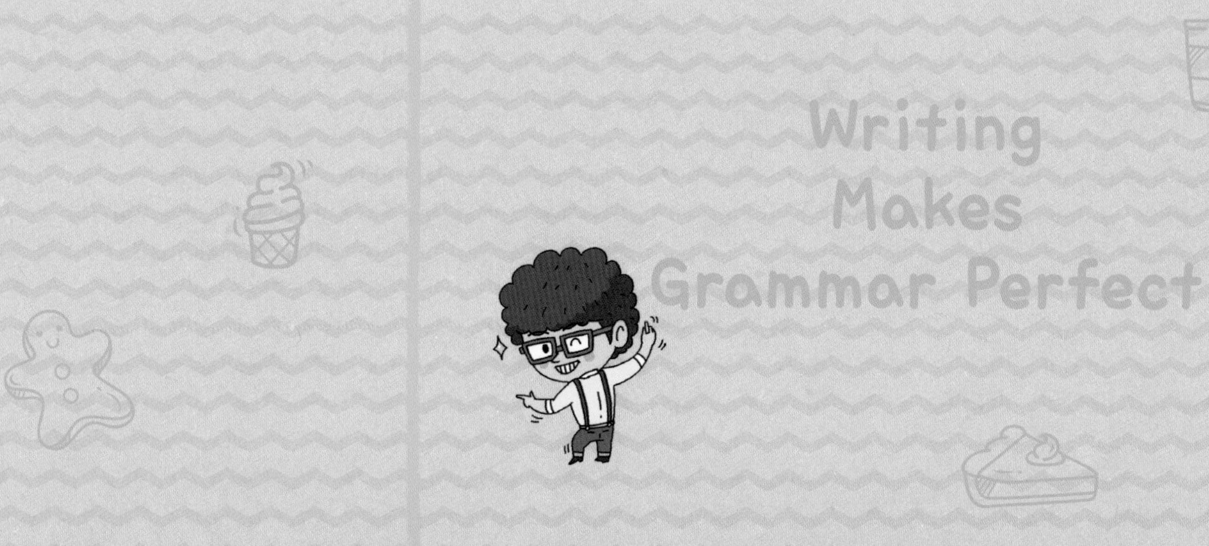

구성 및 활용법

이해가 쏙쏙 되는 재미있는 만화로 문법 실력을 높이고 쓰기가 완성되는 진짜 영문법으로 공부하세요!

1 만화로 흥미를 더해요

해당 Unit 학습과 관련된
기본 문법 내용을 재미있는 만화로 풀어
배울 내용에 대한 흥미를 이끌어요.
주인공인 문법이와 영이, 그리고
선생님이 등장해 문법 개념을 보다
쉽게 이해할 수 있도록 도와줘요.

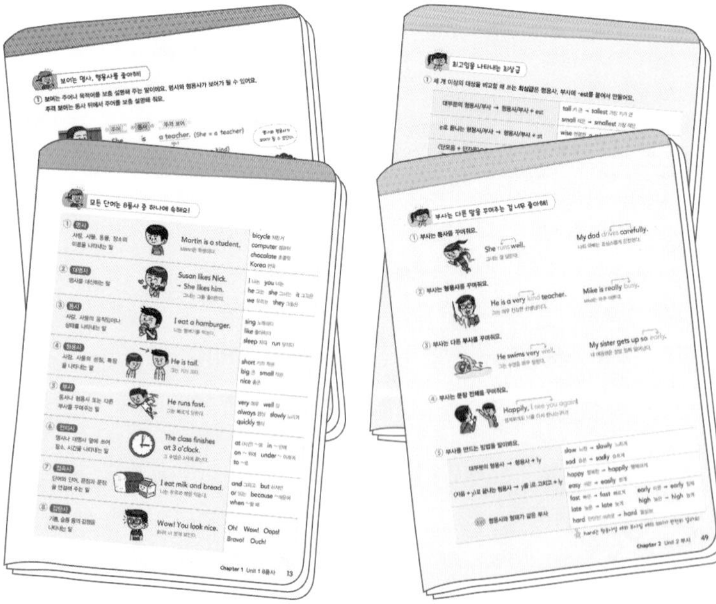

2 문법 개념을 이해해요

교과과정에 나오는 핵심 내용을 다루고,
간결한 예문과 이해하기 쉬운 그림으로
문법 개념을 설명하여 쉽게
파악할 수 있어요. 시각적으로
잘 정리된 표를 보며 문법 규칙을
즉각적으로 이해할 수 있어요.

3

4단계 쓰기로 훈련해요

매일매일 4단계 쓰기로
문법 규칙을 깨치고 쓰기를 연습해요.
특히 단어를 배열해 문장을 완성하거나
문장 전체를 써보는 서술형 대비 문제는
스스로 쓸 수 있도록 훈련시켜
쓰기를 완성해요.

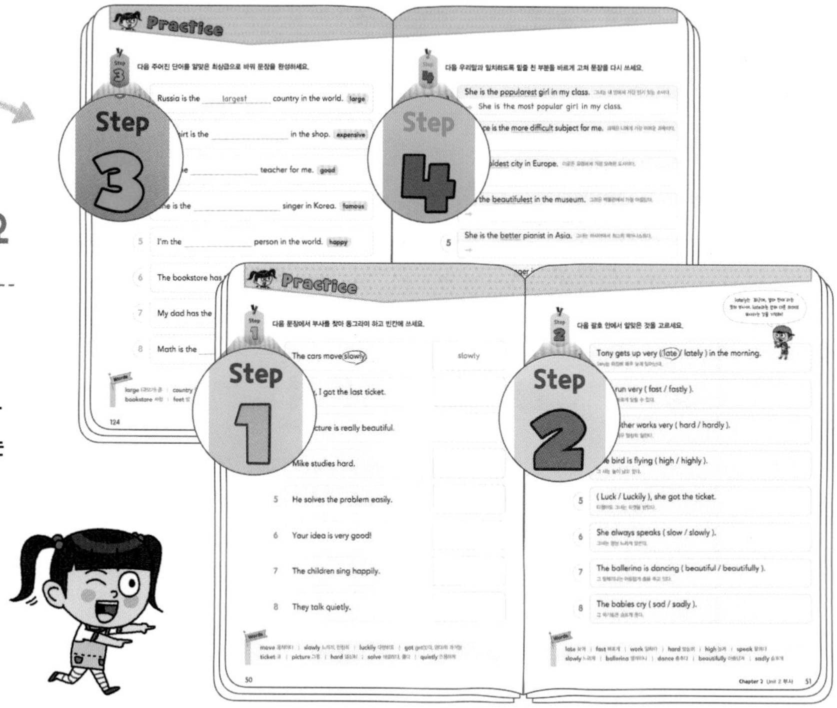

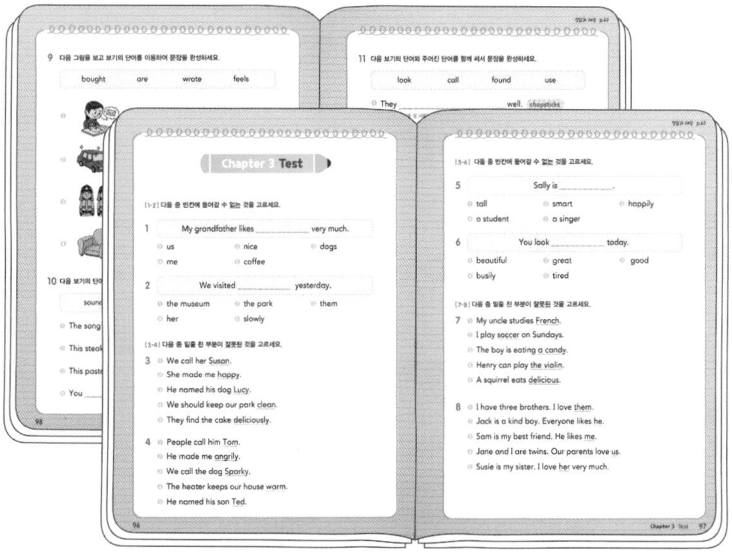

4

복습하며 실력을 높여요

Chapter Test를 통해 배운 내용을
복습하고 문법 실력을 높일 수 있어요.
응용력을 키우는 다양한 유형의 문제를
풀며 학교 시험에 대비하세요.

Workbook

매 Unit을 공부한 후 워크북으로 연습해요.
워크북의 Chapter Wrap Up으로
마무리하며 학습 내용을 종합적으로
점검할 수 있어요.

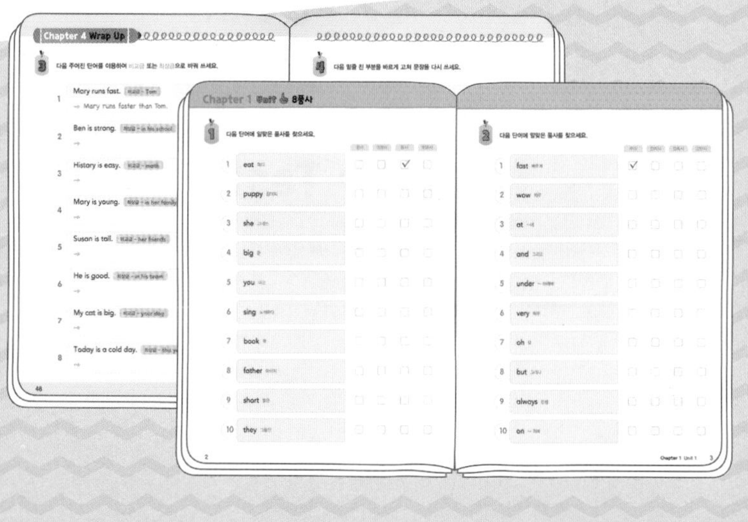

차례

Chapter 1 8품사 ①

Chapter 2 8품사 ②

Chapter 3 문장의 구성

Chapter 4 형용사와 부사

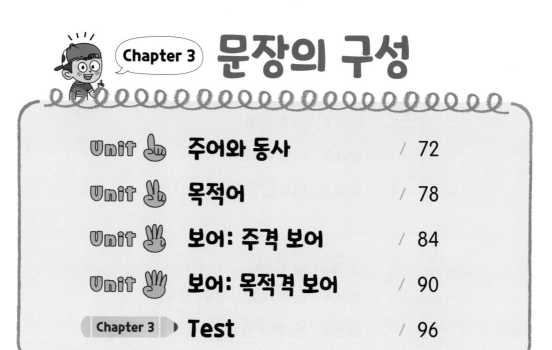

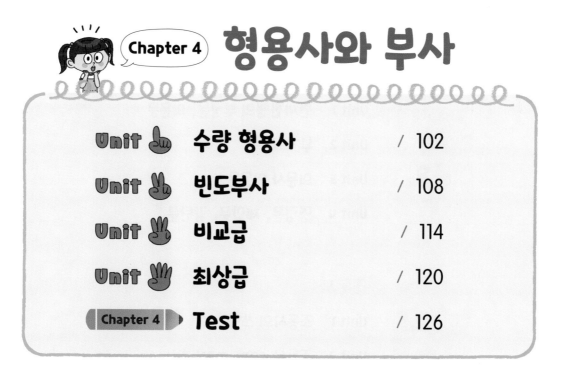

JUMP 2 미리보기

20일 완성 학습 플랜

하루에 한 개 Unit을 학습하고 워크북으로 정리해요

쉬워요 괜찮아요 어려워요

	학습 분량		학습 날짜	나의 학습 기록
1일차	Chapter 1	Unit 1 워크북	____월 ____일	
2일차		Unit 2 워크북	____월 ____일	
3일차		Unit 3 워크북	____월 ____일	
4일차		Unit 4 워크북	____월 ____일	
5일차		Test 워크북 Wrap Up	____월 ____일	
6일차	Chapter 2	Unit 1 워크북	____월 ____일	
7일차		Unit 2 워크북	____월 ____일	
8일차		Unit 3 워크북	____월 ____일	
9일차		Unit 4 워크북	____월 ____일	
10일차		Test 워크북 Wrap Up	____월 ____일	
11일차	Chapter 3	Unit 1 워크북	____월 ____일	
12일차		Unit 2 워크북	____월 ____일	
13일차		Unit 3 워크북	____월 ____일	
14일차		Unit 4 워크북	____월 ____일	
15일차		Test 워크북 Wrap Up	____월 ____일	
16일차	Chapter 4	Unit 1 워크북	____월 ____일	
17일차		Unit 2 워크북	____월 ____일	
18일차		Unit 3 워크북	____월 ____일	
19일차		Unit 4 워크북	____월 ____일	
20일차		Test 워크북 Wrap Up	____월 ____일	

flower
bread

Chapter 1

8품사 ①

Unit 1 8품사

너 여기서 뭐해?
어, 어? 아… 넌 오늘 전학 와서 모르겠지만 내가 여기 영어 동아리 회장이야.
네가 회장이라고? 심지어 영어 동아리 회장?
뭐야, 그 무시하는 말투는!
움찔
좋아, 내가 회장이라는 걸 증명해 보일게.
너 영어에서 품사가 뭔지 알아?
품사? 글쎄, 들어본 것 같기도 하고….
흥, 품사란 말이지, **단어들이 하는 일에 따라 종류별로 나누는 말**이야. 영어의 단어들은 하는 일에 따라 8가지로 나눌 수가 있어. 그래서 8품사라고 부르는 거지.
어머, 너 생각보다 똑똑한 애였구나! 나 여기 가입할래! 왠지 재미있을 것 같아~
잘 생각했어! 영어 동아리에 가입할 걸 환영해!
짝!
짝!
짝!

Key Point

Tom, book, desk 같은 단어는 사람, 사물의 이름을 나타내는 **명사**에 속하고, run, eat 같은 단어는 사람, 사물의 움직임이나 상태를 나타내는 **동사**에 속하지! 품사를 좀 더 자세히 알아보도록 할까?

모든 단어는 8품사 중 하나에 속해요!

① **명사** 사람, 사물, 동물, 장소의 이름을 나타내는 말		**Martin is a student.** Martin은 학생이다.	bicycle 자전거 computer 컴퓨터 chocolate 초콜릿 Korea 한국
② **대명사** 명사를 대신하는 말		Susan likes Nick. → **She** likes **him**. 그녀는 그를 좋아한다.	I 나는 you 너는 he 그는 she 그녀는 it 그것은 we 우리는 they 그들은
③ **동사** 사람, 사물의 움직임이나 상태를 나타내는 말		I **eat** a hamburger. 나는 햄버거를 먹는다.	sing 노래하다 like 좋아하다 sleep 자다 run 달리다
④ **형용사** 사람, 사물의 성질, 특징을 나타내는 말		He is **tall**. 그는 키가 크다.	short 키가 작은 big 큰 small 작은 nice 좋은
⑤ **부사** 동사나 형용사 또는 다른 부사를 꾸며주는 말		He runs **fast**. 그는 빠르게 달린다.	very 매우 well 잘 always 항상 slowly 느리게 quickly 빨리
⑥ **전치사** 명사나 대명사 앞에 쓰여 장소, 시간을 나타내는 말		The class finishes **at** 3 o'clock. 그 수업은 3시에 끝난다.	at (시간) ~에 in ~ 안에 on ~ 위에 under ~ 아래에 to ~로
⑦ **접속사** 단어와 단어, 문장과 문장을 연결해 주는 말	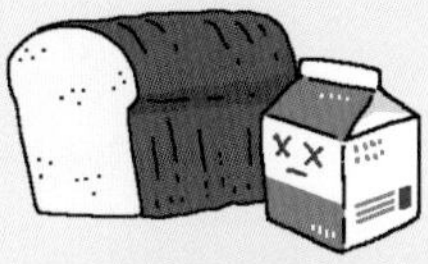	I eat milk **and** bread. 나는 우유와 빵을 먹는다.	and 그리고 but 하지만 or 또는 because ~때문에 when ~할 때
⑧ **감탄사** 기쁨, 슬픔 등의 감정을 나타내는 말		**Wow!** You look nice. 와우! 너 멋져 보인다.	Oh! Wow! Oops! Bravo! Ouch!

Practice

Step 1 다음 문장에서 명사를 모두 찾아 동그라미 하고 빈칸에 쓰세요.

1	He is a nurse.	nurse
2	This is my father.	
3	Erik lives in Sweden.	
4	There's some bread on the table.	
5	We are friends.	
6	He eats sandwiches.	
7	What do you want for lunch?	
8	She has a new puppy.	

Words

nurse 간호사 | **father** 아버지 | **live** 살다 | **bread** 빵 | **table** 식탁 | **friend** 친구
sandwich 샌드위치 | **want** 원하다 | **lunch** 점심 식사 | **puppy** 강아지

Step 2 다음 문장에서 대명사를 찾아 세모를 하고 빈칸에 쓰세요.

it(그것)은 명사 book을
대신하는 대명사구나!

1	It is a book.	It
2	I am happy.	
3	She loves Tony very much.	
4	They play soccer on Sundays.	
5	He is Sally's brother.	
6	We can speak English.	
7	It is a cat.	
8	You are a student.	

Words

book 책 | **happy** 행복한 | **love** 사랑하다 | **soccer** 축구 | **brother** 형, 오빠, 남동생
speak 말하다 | **English** 영어 | **cat** 고양이 | **student** 학생

Practice

Step 3 다음 문장에서 동사를 찾아 네모를 하고 빈칸에 쓰세요.

1	Mr. Brown cooks dinner.	cooks
2	Nancy studies math every day.	
3	My cat sleeps on the sofa.	
4	My dad likes coffee.	
5	Albert eats a sandwich for lunch.	
6	Monkeys like bananas.	
7	She drinks water.	
8	Mary sings a song.	

Words

cook 요리하다 | **study** 공부하다 | **math** 수학 | **sleep** 잠을 자다 | **sofa** 소파 | **coffee** 커피
eat 먹다 | **sandwich** 샌드위치 | **drink** 마시다 | **sing** 노래하다

Step 4

다음 밑줄 친 단어의 품사가 무엇인지 보기에서 골라 쓰세요.

보기	형용사	부사	전치사	접속사	감탄사

1	She plays the violin well. 그녀는 바이올린을 잘 연주한다.	부사
2	That is a tall tree. 저것은 키가 큰 나무다.	
3	Oh, that's a good idea. 오, 그거 좋은 생각이다.	
4	I have short hair. 나는 짧은 머리를 가지고 있다.	
5	Sam is in the kitchen. Sam은 부엌에 있다.	
6	Barbara is nice and smart. Barbara는 착하고 똑똑하다.	
7	My cat is under the desk. 나의 고양이는 책상 아래에 있다.	
8	The sofa is very expensive. 그 소파는 매우 비싸다.	

Words

play the violin 바이올린을 연주하다 | **well** 잘 | **tall** 키가 큰 | **idea** 생각, 계획 | **short** 짧은
kitchen 부엌 | **smart** 똑똑한 | **under** ~아래에 | **expensive** 값비싼

Unit 2 명사

Key Point

명사의 명은 '이름 명(名)'을 써. 그리고 명사는 영어 단어에서 가장 수가 많아. 세상에 존재하는 모든 사람과 사물의 이름을 나타내는 말이니 그 수는 엄청나겠지?
명사는 셀 수 있는 명사와 셀 수 없는 명사로 나눌 수 있어.

셀 수 있는 명사	셀 수 없는 명사
a pen, two pens	Betty, Korea, water, gold

이 세상 모든 것들의 이름, 명사!

① 셀 수 있는 명사가 하나일 땐 **단수**라고 해요. 앞에 반드시 **a**나 **an**을 붙여요.

a car　a house　an apple　an idea

☆ 발음이 모음(a, e, i, o, u)으로 시작되는 단어 앞에는 an을 써줘요.

② 셀 수 있는 명사가 둘 이상일 땐 **복수**라고 해요. 복수 명사를 만드는 방법을 알아봐요.

대부분의 명사 → 명사 + s	chair → chairs	pencil → pencils
s, ch, sh, x, o로 끝나는 명사 → 명사 + es	bus → buses dish → dishes tomato → tomatoes 예외! pianos, photos	watch → watches box → boxes
〈자음 + y〉로 끝나는 명사 → y를 i로 고치고 + es	baby → babies	city → cities
f, fe로 끝나는 명사 → f, fe를 v로 고치고 + es	leaf → leaves	knife → knives
주의! 복수 형태가 불규칙한 명사	man → **men** woman → **women**	tooth → **teeth** child → **children**
주의! 단수와 형태가 같은 명사	fish → **fish** sheep → **sheep**	deer → **deer**

③ 셀 수 없는 명사는 앞에 **a**나 **an**을 붙이지도 않고, 복수로 만들 수도 없어요.

- **고유명사**
  특정한 사람, 장소 등의 고유한 이름으로 첫 글자를 대문자로 써요.

Steve

Canada

Paris

- **물질명사**
  일정한 형태가 없는 물질이나 재료의 이름이에요.

water

salt

wind

- **추상명사**
  구체적인 형태가 없고 눈으로 볼 수 없는 감정, 생각, 개념 등의 이름이에요.

love

happiness

peace

Practice

Step 1 다음 빈칸에 a 또는 an을 넣어 문장을 완성하세요.

1 Ted is eating __an__ apple.

2 I have ______ idea.

3 She wants ______ new doll.

4 Our school has ______ library.

5 Susie is wearing ______ necklace.

6 Jeju Island is ______ beautiful island.

7 ______ hour has sixty minutes.

hour에서 h는 발음되지 않아!
따라서 모음으로 발음되는 단어인거지.

8 There is ______ pencil case on the desk.

Words

eat 먹다 | **want** 원하다 | **library** 도서관 | **wear** (옷 등을) 입고 있다 | **necklace** 목걸이
beautiful 아름다운 | **island** 섬 | **hour** 시간 | **minute** 분 | **pencil case** 필통

Step 2

다음 단어의 복수형을 빈칸에 쓰세요.

1

bag	bags

2

watch	

3

fox	

4

leaf	

5

baby	

6

man	

7

child	

8
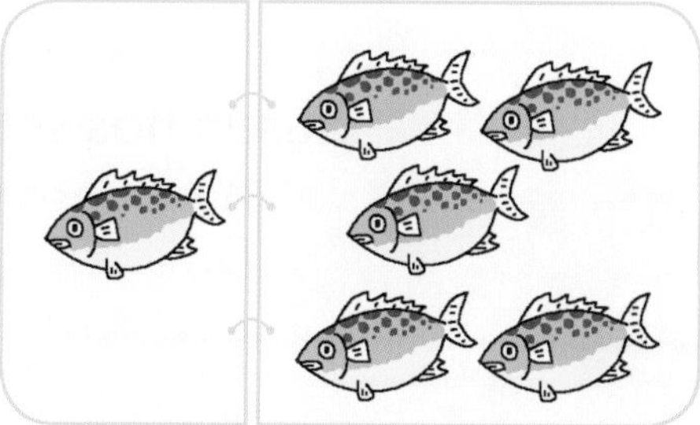

fish	

Practice

Step 3 다음 문장에서 셀 수 없는 명사를 모두 찾아 동그라미 하고 빈칸에 쓰세요.

1	Amy lives in Canada.	Amy, Canada
2	We want happiness.	
3	The baby is drinking milk.	
4	The wind blows softly.	
5	The students study English.	
6	I like music.	
7	Would you like some coffee?	
8	Susan has some money.	

Words

live in ~에 산다 | **happiness** 행복 | **baby** 아기 | **wind** 바람 | **blow** (바람이) 분다
softly 부드럽게 | **student** 학생 | **music** 음악 | **coffee** 커피 | **money** 돈

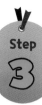

Step 4 다음 밑줄 친 부분을 바르게 고쳐 문장을 다시 쓰세요.

1 John has many pen. John은 많은 펜들이 있다.

→ John has many pens.

2 I like pop musics. 나는 팝 음악을 좋아한다.

→

3 A China is a large country. 중국은 큰 나라이다.

→

4 It's raining! Take a umbrella! 비가 오고 있어! 우산을 가져가!

→

5 There are two box on the floor. 바닥에 박스 두 개가 있다.

→

6 I would like to visit london. 나는 런던을 방문하고 싶다.

→

7 I want to be singer. 나는 가수가 되고 싶다.

→

8 There are twenty sheeps. 양 스무 마리가 있다.

→

Words

pen 펜 | **pop music** 팝 음악 | **large** (규모가) 큰 | **country** 국가, 나라 | **rain** 비가 오다
umbrella 우산 | **floor** 바닥 | **visit** 방문하다 | **singer** 가수 | **sheep** 양

Unit 3 대명사

무슨 고민 있니?
흠~
그게… 영어 일기 숙제를 하는데 자꾸 똑같은 말을 반복하니까 왠지 어색한 것 같아서요.
하~
오. 그래? 어떻게 썼는지 볼까?
아~ Amy가 계속 반복돼서 문제인 거구나. 이럴 땐 대명사를 쓰면 다 해결되지!
I like Amy. Amy is my best friend. Amy is very kind to me.
대명사가 뭔데요?
대명사는 **명사를 대신하는 말**이야. 계속 반복되는 Amy는 대명사 she로 대신 쓸 수 있어. 자, 어때? 이렇게 쓰면 훨씬 자연스럽지?
I like Amy. She is my best friend. She is very kind to me.
와~ 정말 그러네요! 고맙습니다.
아…
하하하! 영어가 이래서 재미있다니까!
하하하하

Key Point

대명사는 명사를 대신하는 말로, 영어 문장에서 자주 나올 수밖에 없는 아주 중요한 역할을 해. 문장을 말하거나 쓸 때, 앞에서 나온 명사를 계속 반복해서 쓸 수는 없으니까 자연스럽게 대명사를 많이 사용하게 되거든.

비인칭주어 it의 특별한 쓰임도 알아보자!

날씨, 시간, 날짜, 요일 등을 나타날 때 it을 주어로 써. 이때 **비인칭주어 it**은 특별한 의미가 없어서 해석하지 않아.

It is sunny. 화창하다.
It is 5:30. 5시 30분이다.
It is March 1st. 3월 1일이다.
It is Monday. 월요일이다.

변신하는 인칭대명사

① **대명사**는 명사를 대신해서 쓰는 말이에요.

English

Sumi likes English. **She** studies **it** every day.

Sumi는 영어를 좋아한다. 그녀는 그것을 매일 공부한다.

Sumi = She   English = it

1인칭은 말하는 사람인 나,
2인칭은 말을 듣는 사람인 너,
3인칭은 나와 너를 제외한 나머지
사람 또는 사물을 말해.

② 사람을 대신해서 사용하는 **인칭대명사**는 변화를 해요.

수	인칭	주격 (~는, ~가)	소유격 (~의)	목적격 (~을)
단수 (한 명)	1인칭	I 나는	my 나의	me 나를
	2인칭	you 너는	your 너의	you 너를
	3인칭	he 그는	his 그의	him 그를
		she 그녀는	her 그녀의	her 그녀를
		it 그것은	its 그것의	it 그것을
복수 (여러 명)	1인칭	we 우리는	our 우리의	us 우리를
	2인칭	you 너희들은	your 너희들의	you 너희들을
	3인칭	they 그들은 그것들은	their 그들의 그것들의	them 그들을 그것들을

- (주격) 문장에서 주어 역할을 해요.

She is smart.
그녀는 똑똑하다.

- (소유격) 명사 앞에 쓰여 소유의 의미를 나타내요.

This is **her** dog.
이것은 그녀의 개다.

- (목적격) 동사나 전치사의 목적어 역할을 해요.

I love **you**.
나는 너를 사랑한다.

Practice

Step 1 다음 문장에서 대명사를 모두 찾아 동그라미 하고 빈칸에 쓰세요.

1	It is not her bag.	It, her
2	Look at him!	
3	Chris likes me.	
4	We miss you.	
5	They are his friends.	
6	She wants to see them.	
7	Kevin is going to your home.	
8	I live with my grandparents.	

Words

bag 가방 | **look at** ~을 보다 | **miss** 그리워하다 | **want** 원하다 | **see** 보다 | **home** 집
live with ~와 함께 산다 | **grandparents** 조부모(할아버지, 할머니)

Step 2

다음 우리말과 일치하도록 빈칸에 알맞은 대명사를 써서 문장을 완성하세요.

1 I'm happy to see ___you___.
나는 너를 만나서 기쁘다.

2 Are ________ in the same class?
너희들은 같은 반이니?

3 He likes ________ teacher.
그는 그의 선생님을 좋아한다.

4 ________ favorite food is spaghetti.
그녀가 가장 좋아하는 음식은 스파게티다.

5 She is waiting for ________.
그녀는 그들을 기다리고 있다.

6 He gives the box to ________.
그는 그 상자를 우리에게 준다.

7 ________ is windy.
바람이 분다.

8 ________ is June 25th.
6월 25일이다.

Words

class 반, 수업 | **teacher** 선생님 | **favorite food** 좋아하는 음식 | **spaghetti** 스파게티
wait for ~를 기다리다 | **give** 주다 | **windy** 바람이 많이 부는 | **June** 6월

Practice

Step 3

다음 주어진 대명사를 알맞은 형태로 고쳐 문장을 완성하세요.

그래, 맞아!
I의 소유격은 my였지?

1 I love ___my___ school. I

나는 나의 학교를 사랑한다.

2 This is ________ phone. you

이것은 너의 휴대폰이다.

3 ________ children are playing outside. she

그녀의 아이들이 밖에서 놀고 있다.

4 This is her hat. ________ color is red. it

이것은 그녀의 모자다. 그것의 색깔은 빨간색이다.

5 Let's go see ________. they

그들을 보러 가자.

6 He washes ________ hands. he

그는 그의 손을 씻는다.

7 Please visit ________ again. we

우리를 다시 방문해 주세요.

8 I want to give it to ________. you

나는 너에게 그것을 주고 싶다.

Words

school 학교 | **phone** 전화기, 휴대폰 | **children** 아이들 | **outside** 바깥 | **red** 빨간색
wash one's hands 손을 씻다 | **visit** 방문하다 | **again** 한 번 더, 다시 | **give** 주다

Step 4

다음 밑줄 친 부분을 바르게 고쳐 문장을 다시 쓰세요.

1 This is not <u>me</u> phone. 이것은 나의 휴대폰이 아니다.

→ This is not my phone.

2 We don't know <u>she</u> name. 우리는 그녀의 이름을 모른다.

→

3 <u>He</u> students are in the classroom. 그의 학생들은 교실에 있다.

→

4 She loves <u>he</u> very much. 그녀는 그를 아주 많이 사랑한다.

→

5 They are washing <u>them</u> hands. 그들은 그들의 손을 씻고 있다.

→

6 <u>Its</u> is my new umbrella. 그것은 나의 새 우산이다.

→

7 We write <u>us</u> names. 우리는 우리의 이름을 쓴다.

→

8 <u>Your</u> are in the library. 너는 도서관에 있다.

→

Words

know one's name 이름을 알다 | **student** 학생 | **classroom** 교실 | **love** 사랑하다
umbrella 우산 | **write** 쓰다 | **library** 도서관

Unit 4 동사

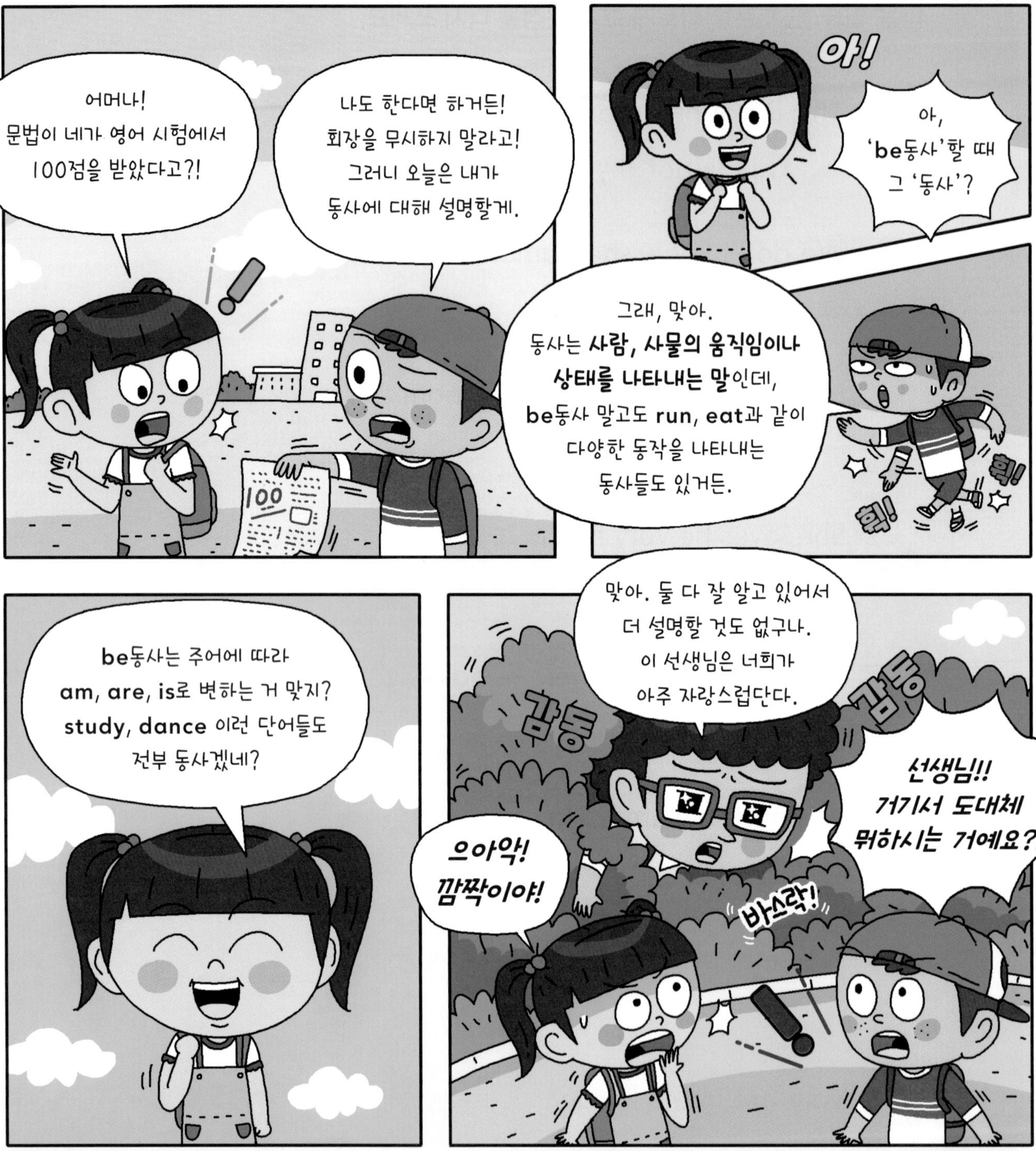

어머나! 문법이 네가 영어 시험에서 100점을 받았다고?!
나도 한다면 하거든! 회장을 무시하지 말라고! 그러니 오늘은 내가 동사에 대해 설명할게.
아!
아, 'be동사'할 때 그 '동사'?
그래, 맞아. 동사는 사람, 사물의 움직임이나 상태를 나타내는 말인데, be동사 말고도 run, eat과 같이 다양한 동작을 나타내는 동사들도 있거든.
휙!
휙!
be동사는 주어에 따라 am, are, is로 변하는 거 맞지? study, dance 이런 단어들도 전부 동사겠네?
맞아. 둘 다 잘 알고 있어서 더 설명할 것도 없구나. 이 선생님은 너희가 아주 자랑스럽단다.
감동
감동
선생님!! 거기서 도대체 뭐하시는 거예요?!
으아악! 깜짝이야!
바스락!

Key Point

동사는 사람, 동물, 사물의 움직임이나 상태를 나타내는 말인 거 모두 알고 있지? 일반동사는 run(달리다), dance(춤추다), love(사랑하다) 등을 나타내고, be동사는 주어에 따라 am, are, is로 변하지! 모르는 사람은 없을 거라 생각해.

동사 중 조동사에 대한 건은 2권에서 자세히 알아보도록 해요.

동사, 문장을 움직이는 힘!

① **be동사**에는 **am, are, is**가 있고, 주어에 따라 모양이 달라져요.

단수	
I	am
You	are
He / She / It	is

복수	
We	are
You	
They	

② **be동사**의 뜻은 두 가지예요.

be동사 + 명사/형용사: 이다

I **am** an artist.
나는 화가이다.

be동사 + 장소: 있다

She **is** in the park.
그녀는 공원에 있다.

③ **일반동사**는 다양한 움직임이나 상태 등을 나타내요.

I **go** to school.
나는 학교에 간다.

He **swims** in the pool.
그는 수영장에서 수영한다.

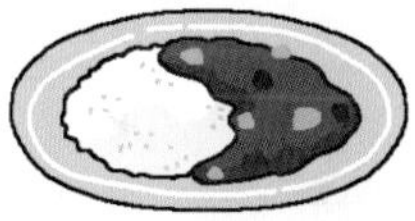

I **like** Indian food.
나는 인도 음식을 좋아한다.

④ 주어가 **I, You, We, They**일 때는 그대로 쓰고, 주어가 **He, She, It**(3인칭 단수)일 때는 일반동사의 모양이 바뀌어요.

대부분의 동사 → 동사 + s	love → loves sing → sings	run → runs eat → eats
s, ch, sh, x, o로 끝나는 동사 → 동사 + es	pass → passes wash → washes do → does	teach → teaches fix → fixes go → goes
〈자음 + y〉로 끝나는 동사 → y를 i로 고치고 + es	study → studies fly → flies	cry → cries try → tries
예외! have는 has로 모양을 바꿔요.	have → has	

Practice

Step 1

다음 문장에서 동사를 찾아 동그라미 하고 빈칸에 쓰세요.

1	We (are) tired.	are
2	Jake is a basketball player.	
3	She teaches us math.	
4	Her family lives in Paris.	
5	My sister has curly hair.	
6	I do my homework.	
7	They are my classmates.	
8	Jim and Henry are in the playground.	

Words

tired 피곤한 | **basketball player** 농구 선수 | **teach** 가르치다 | **family** 가족 | **curly hair** 곱슬머리
do one's homework 숙제를 하다 | **classmate** 반 친구, 급우 | **playground** 놀이터, 운동장

Step 2

다음 빈칸에 알맞은 동사를 써서 문장을 완성하세요.

1 I ___am___ hungry.
나는 배고프다.

2 We ________ our parents.
우리는 우리의 부모님을 사랑한다.

3 We ________ in the amusement park.
우리는 놀이공원에 있다.

4 My mom ________ in the kitchen.
나의 엄마는 부엌에 계신다.

5 They ________ their homework together.
그들은 그들의 숙제를 함께 한다.

6 It ________ time for lunch.
점심을 먹을 시간이다.

7 I ________ camping with dad.
나는 아빠와 캠핑을 간다.

8 Kevin ________ my cousin.
Kevin은 나의 사촌이다.

Words

hungry 배고픈 | **amusement park** 놀이공원 | **kitchen** 부엌 | **together** 함께
time for lunch 점심 먹을 시간 | **go camping** 캠핑을 가다 | **cousin** 사촌

Practice

Step 3 다음 주어진 동사를 알맞은 형태로 고쳐 문장을 완성하세요.

1. The class ___starts___ at nine. **start**
2. Mark ________ history to us. **teach**
3. She ________ much homework. **have**
4. Tom ________ fishing with dad. **go**
5. Barbara ________ spicy food. **like**
6. Jane ________ math very hard. **study**
7. My father ________ the dishes. **do**
8. They ________ a song. **sing**

Words

start 시작하다 | **at** (시간) ~에 | **teach** 가르치다 | **have** 가지다, 있다 | **go fishing** 낚시하러 가다
spicy food 매운 음식 | **study** 공부하다 | **do the dishes** 설거지를 하다 | **sing** 노래하다

Step 4

다음 밑줄 친 부분을 바르게 고쳐 문장을 다시 쓰세요.

1 She am a vet. 그녀는 수의사다.
→ She is a vet.

2 My house have four rooms. 나의 집은 방이 네 개가 있다.
→

3 Mr. Davis move the boxes. Davis 씨는 상자들을 옮긴다.
→

4 Nick try to be kind. Nick은 친절하려고 노력한다.
→

5 The birds flys in the sky. 그 새들이 하늘을 난다.
→

6 My grandma read the newspaper. 나의 할머니는 신문을 읽으신다.
→

7 The baby cry at night. 그 아기는 밤에 운다.
→

8 You and Jane is soccer players. 너와 Jane은 축구 선수들이다.
→

Words

vet 수의사 | **room** 방 | **move** 옮기다 | **box** 상자 | **try** 노력하다 | **kind** 친절한, 다정한 | **fly** 날다
newspaper 신문 | **cry** 울다 | **night** 밤 | **soccer player** 축구 선수

Chapter 1 Test

1 다음 중 명사인 것을 고르세요.

① run ② but ③ pretty

④ apple ⑤ in

2 다음 중 명사의 복수형이 올바르지 않은 것을 고르세요.

① pencil – pencils ② tomato – tomatoes

③ box – boxes ④ city – cities

⑤ leaf – leafs

3 다음 중 명사의 복수형이 올바른 것을 고르세요.

① man – mans ② child – childs

③ tooth – teeth ④ fish – fishes

⑤ sheep – sheeps

4 다음 중 빈칸에 들어갈 수 없는 것을 고르세요.

It is ________________ camera.

① my ② your ③ his

④ me ⑤ her

[5-6] 다음 중 밑줄 친 부분이 잘못된 것을 고르세요.

5
① We love our school.
② I visit their every Sunday.
③ Its eyes are blue.
④ They are in the same class.
⑤ The necklace is for her.

6
① She knows my name.
② Sam does his homework.
③ Lisa watches movies.
④ Cindy studys math.
⑤ My uncle has a nice car.

7 다음 빈칸에 알맞은 be동사를 써서 문장을 완성하세요.

① His name __________ Andy.

② Mary and Jack __________ in the garden.

8 다음 보기의 단어를 a나 an과 함께 써서 문장을 완성하세요. (둘 다 필요 없으면 쓰지 마세요.)

water	bike	actor	health

① I have ____________________.
나는 자전거가 있다.

② There is ____________________ in the cup.
컵에 물이 있다.

③ James is ____________________.
James는 배우다.

④ Fruits are good for ____________________.
과일은 건강에 좋다.

9 다음 그림을 보고 주어진 동사를 알맞은 형태로 써서 문장을 완성하세요.

❶ 

My dad ________ the dishes. do

❷ 

Alex ________ baseball. play

❸ 

Mike ________ very well. swim

❹ 

The big bird ________ high. fly

10 다음 밑줄 친 부분을 바르게 고쳐 쓰세요.

❶ There are seven <u>day</u> in a week. ➡ ____________________

❷ Tom and I listen to <u>musics</u>. ➡ ____________________

❸ Many people like <u>snows</u>. ➡ ____________________

❹ They have two <u>child</u>. ➡ ____________________

11 다음 일정을 보고 보기의 단어를 이용하여 글을 완성하세요.

Monday	Tuesday	Wednesday	Thursday	Friday	Saturday	Sunday
4:00 Piano Lesson		5:00 Soccer			Camping Day	

at go very It

① ________ is Monday today.

I have a piano lesson ② ________ 4:00.

I play soccer on Wednesday. I like it ③ ________ much.

I ④ ________ camping every weekend.

12 다음 우리말과 일치하도록 주어진 단어를 알맞게 배열하세요.

① 그들은 나의 친구들이다. are my They friends

➡ ____.

② Tom은 영어를 가르친다. teaches English Tom

➡ ____.

③ Jenny는 런던에 산다. lives Jenny London in

➡ ____.

④ 이것은 나의 이야기책이다. my This storybook is

➡ ____.

MILK
milk
summer

Chapter 2

8품사 ②

Unit 1 형용사

Unit 2 부사

Unit 3 전치사

Unit 4 접속사와 감탄사

Unit 4 형용사

이 옷 어때?
완전 패션테러리스트야! 패션의 세계를 하나나도 이해하지 못하고 아주 엉망으로 꾸며 입었잖아!
그 정도야? 나름 꾸민다고 입어본 건데…
어쩔 수 없지. 넌 센스가 없는 것 같으니까 내가 골라 줄게. 참, 영어에 다른 단어를 꾸며주는 말이 있는 거 알고 있어?
오~ 정말?!
응, 바로 형용사라고 하는 말이야.
dress는 원피스잖아. 그런데 long이란 뜻의 형용사가 명사 dress를 꾸며주면 long dress, 즉 '긴 원피스'가 되는 거지.
Pretty 영이처럼 말이야!
찡긋!
아하! 그렇다면 지금 나의 모습을 설명한다면 handsome한 문법인걸까?
무슨 소리야! 넌 지금 terrible이야!

Key Point

형용사는 사람, 사물의 특징이나 상태를 구체적으로 나타내는 말이야. 보통 우리말로는 '~한'이라고 해석될 때가 많아. big(큰), clean(깨끗한), brave(용감한), happy(행복한) 이렇게 말이야.

명사를 예쁘게 꾸며주는 형용사

① **형용사**는 명사 앞에 와서 명사를 꾸며줘요.

It is a **cute** puppy.
그것은 귀여운 강아지다.

He has a **new** phone.
그는 새 휴대폰이 있다.

She wants **long** hair.
그녀는 긴 머리를 원한다.

He is a **famous** actor.
그는 유명한 배우다.

---

② **형용사**는 be동사 뒤에 와서 주어 자리의 명사나 대명사의 상태 또는 특징을 보충 설명해 줘요.

Sally is **tired**.
Sally는 피곤하다.

I am **busy**.
나는 바쁘다.

The cake is **delicious**.
그 케이크는 아주 맛있다.

The building is **tall**.
그 건물은 높다.

또한 다음과 같은 동사들 뒤에 와서 주어의 상태 또는 특징을 설명해 주기도 해요.

I feel **hungry**.
나는 배고프다.

She looks **happy**.
그녀는 행복해 보인다.

---

③ **수량형용사 many**와 **much**는 둘 다 '많은'이라는 의미를 가지고 있지만, 뒤에 오는 명사가 달라요.

many + 셀 수 있는 복수 명사	much + 셀 수 없는 명사
I have **many** books.	I don't have **much** time.
나는 많은 책들이 있다.	나는 시간이 많이 없다.

Practice

Step 1

다음 문장에서 형용사를 찾아 동그라미 하고 빈칸에 쓰세요.

1	Judy is hungry.	hungry
2	This is an expensive car.	
3	Susan is a clever student.	
4	I have much milk.	
5	I want to be a great scientist.	
6	You look beautiful.	
7	She has many friends.	
8	The babies are sleepy.	

Words

hungry 배고픈 | **expensive** 값비싼 | **clever** 영리한 | **milk** 우유 | **great** 대단한 | **scientist** 과학자
beautiful 아름다운 | **friend** 친구 | **sleepy** 졸린

Step 2

다음 우리말과 일치하도록 보기에서 알맞은 형용사를 골라 문장을 완성하세요.

보기

soft 부드러운	white 흰색의	tall 키가 큰	delicious 아주 맛있는
many 많은	big 큰	happy 행복한	beautiful 아름다운

1 Mr. David has ____many____ students.
David 씨는 많은 학생들이 있다.

many는 '많은'이라는 뜻으로 셀 수 있는 명사 앞에 쓰여!

2 This is a ________________ shirt.
이것은 흰색 셔츠다.

3 We live in a ________________ house.
우리는 큰 집에 산다.

4 Susan looks ________________ in the new dress.
Susan은 새 드레스를 입으니 아름다워 보인다.

5 Tony is very ________________.
Tony는 키가 매우 크다.

6 This sweater feels ________________.
이 스웨터는 부드럽게 느껴진다.

7 My mom makes ________________ food.
나의 엄마는 아주 맛있는 음식을 만드신다.

8 The boy is ________________.
그 소년은 행복하다.

Words

student 학생 | **shirt** 셔츠 | **house** 집 | **dress** 드레스, 원피스 | **sweater** 스웨터 | **feel** ~하게 느끼다
make 만들다 | **food** 음식

Practice

Step 3 다음 주어진 단어를 이용하여 문장을 완성하세요.

1. I have a ___cute___ ___sister___ . cute sister
2. It is a ________ ________ . big animal
3. There is a ________ ________ . pond large
4. The library has ________ ________ . books many
5. There is ________ ________ in this country. snow much
6. I need a ________ ________ . red cap
7. They are ________ ________ . students smart
8. He is a ________ ________ . singer popular

Words

cute 귀여운 | **animal** 동물 | **large** (규모가) 큰 | **pond** 연못 | **library** 도서관 | **country** 국가, 나라
need 필요하다 | **cap** 챙이 달린 모자 | **smart** 똑똑한 | **popular** 인기 있는 | **singer** 가수

Step 4

다음 우리말과 일치하도록 주어진 단어를 바르게 배열하세요.

1 hungry / am / I — 나는 배고프다.
→ I am hungry.

2 happy / He / looks — 그는 행복해 보인다.
→

3 fun / a / story / It / is — 그것은 재미있는 이야기다.
→

4 needs / This / flower / water / much — 이 꽃은 많은 물이 필요하다.
→

5 is / Cindy / thirsty — Cindy는 목이 마르다.
→

6 Sally / a / friend / kind / is — Sally는 친절한 친구이다.
→

7 delicious / smells / The spaghetti — 그 스파게티는 아주 맛있는 냄새가 난다.
→

8 have / a / black / cat / We — 우리는 검은색 고양이가 있다.
→

Words

hungry 배고픈 | look happy 행복해 보이다 | fun 재미있는 | flower 꽃 | need 필요하다
thirsty 목마른 | kind 친절한, 다정한 | delicious 아주 맛있는 | black 검은색, 검정

Unit 부사

선생님, 궁금한 게 있어요! '영어는 어렵다.'는 English is difficult. 라고 하잖아요. 그러면 '영어는 매우 어렵다.'는 어떻게 말해야 돼요?
불쑥
야! 그러는 너도 똑같이 모르면서!
너는 회장이라고 하면서 그것도 모르니? 지난번 100점은 그냥 운이었던 거 아냐?
룰루~ 랄라~
자자, 싸우지들 말고. 그럴 때에는 **형용사를 꾸며주는 말**인 부사를 사용하면 된단다. '매우'라는 뜻의 부사 very는 형용사 difficult를 꾸며줄 수 있거든. 그래서 '영어는 매우 어렵다.'는 English is very difficult.로 쓰면 돼.
아하! 형용사를 꾸며주는 부사를 사용하면 더 다양한 표현을 할 수 있겠네요!
그래, 맞아. 형용사 말고도 **동사나 다른 부사를 꾸며서 문장을 풍부하게 하는 역할**을 한다고 생각하면 된단다.
덜 덜
저 근데··· 오늘 왜 이렇게 친절하게 설명해 주시는 거예요? 낯설어서 조금 무서워요···
그동안 선생님이 너무 무심한 것 같아서 말이야~ 앞으로는 영어를 알려주는 상냥한 선생님이 되어 보려고 한단다.
하하하
아하하;; 저희는 지금도 괜찮은데···

Key Point

가장 쉽게 부사를 만드는 방법은 형용사에 -ly를 붙이는 거지. 형용사 slow(느린) 뒤에 -ly를 붙이면 slowly(느리게)로 부사가 되거든! 어때, 부사 만드는 법 아주 간단하지?

부사는 다른 말을 꾸며주는 걸 너무 좋아해!

① 부사는 **동사**를 꾸며줘요.

She runs **well**.
그녀는 잘 달린다.

My dad drives **carefully**.
나의 아빠는 조심스럽게 운전한다.

② 부사는 **형용사**를 꾸며줘요.

He is a **very** kind teacher.
그는 매우 친절한 선생님이다.

Mike is **really** busy.
Mike는 아주 바쁘다.

③ 부사는 다른 **부사**를 꾸며줘요.

He swims **very** well.
그는 수영을 매우 잘한다.

My sister gets up **so** early.
내 여동생은 정말 일찍 일어난다.

④ 부사는 **문장 전체**를 꾸며줘요.

Happily, I see you again!
행복하게도 너를 다시 만나는구나!

⑤ 부사를 만드는 방법을 알아봐요.

대부분의 형용사 → 형용사 + ly	slow 느린 → **slowly** 느리게 sad 슬픈 → **sadly** 슬프게
〈자음 + y〉로 끝나는 형용사 → y를 i로 고치고 + ly	happy 행복한 → **happily** 행복하게 easy 쉬운 → **easily** 쉽게
주의! 형용사와 형태가 같은 부사	fast 빠른 → **fast** 빠르게 early 이른 → **early** 일찍 late 늦은 → **late** 늦게 high 높은 → **high** 높게 hard 단단한; 어려운 → **hard** 열심히

hard는 형용사일 때와 부사일 때의 의미가 완전히 달라요!

Practice

Step 1

다음 문장에서 부사를 찾아 동그라미 하고 빈칸에 쓰세요.

1	The cars move slowly.	slowly
2	Luckily, I got the last ticket.	
3	This picture is really beautiful.	
4	Mike studies hard.	
5	He solves the problem easily.	
6	Your idea is very good!	
7	The children sing happily.	
8	They talk quietly.	

Words

move 움직이다 | **slowly** 느리게, 천천히 | **luckily** 다행히도 | **got** get(받다, 얻다)의 과거형
ticket 표 | **picture** 그림 | **hard** 열심히 | **solve** 해결하다, 풀다 | **quietly** 조용하게

Step 2

다음 괄호 안에서 알맞은 것을 고르세요.

lately는 '최근에, 얼마 전에'라는
뜻의 부사야. late과는 전혀 다른 의미의
부사라는 것을 기억해!

1. Tony gets up very (late / lately) in the morning.
   Tony는 아침에 매우 늦게 일어난다.

2. I can run very (fast / fastly).
   나는 매우 빠르게 달릴 수 있다.

3. My brother works very (hard / hardly).
   나의 형은 매우 열심히 일한다.

4. The bird is flying (high / highly).
   그 새는 높이 날고 있다.

5. (Luck / Luckily), she got the ticket.
   다행히도 그녀는 티켓을 받았다.

6. She always speaks (slow / slowly).
   그녀는 항상 느리게 말한다.

7. The ballerina is dancing (beautiful / beautifully).
   그 발레리나는 아름답게 춤을 추고 있다.

8. The babies cry (sad / sadly).
   그 아기들은 슬프게 운다.

Words

late 늦게 | **fast** 빠르게 | **work** 일하다 | **hard** 열심히 | **high** 높게 | **speak** 말하다
slowly 느리게 | **ballerina** 발레리나 | **dance** 춤추다 | **beautifully** 아름답게 | **sadly** 슬프게

Practice

Step 3 다음 주어진 형용사를 알맞은 부사로 바꿔 문장을 완성하세요.

1 My teacher speaks nicely. **nice**
나의 선생님은 친절하게 말씀하신다.

2 They talk ________ to each other. **quiet**
그들은 서로 조용하게 이야기한다.

3 John gets up very ________. **early**
John은 매우 일찍 일어난다.

early처럼 형용사와 형태가 같은 부사들을 주의해!

4 She swims so ________. **fast**
그녀는 정말 빠르게 수영한다.

5 The airplane flies ________ in the sky. **high**
그 비행기는 하늘을 높이 난다.

6 We dance together ________. **happy**
우리는 함께 행복하게 춤을 춘다.

7 ________, our dog came back home. **lucky**
다행히도 우리의 개가 집으로 돌아왔다.

8 She ________ loves her son. **real**
그녀는 그녀의 아들을 정말로 사랑한다.

Words

teacher 선생님 | **talk** 이야기하다 | **each other** 서로 | **airplane** 비행기 | **in the sky** 하늘에
together 함께 | **come back home** 집으로 돌아오다 | **love** 사랑하다 | **son** 아들

Step 4

다음 우리말과 일치하도록 주어진 단어를 바르게 배열하세요.

1 runs | fast | She — 그녀는 빨리 달린다.
→ She runs fast.

2 carefully | He | drives — 그는 조심스럽게 운전한다.
→

3 quietly | They | speak — 그들은 조용히 말한다.
→

4 so | is | Sam | kind — Sam은 정말 친절하다.
→

5 study | We | hard | English — 우리는 영어를 열심히 공부한다.
→

6 I | early | get up — 나는 일찍 일어난다.
→

7 sings | well | Jane — Jane은 노래를 잘한다.
→

8 expensive | very | is | This watch — 이 시계는 매우 비싸다.
→

Words

run 달리다 | **drive** 운전하다 | **carefully** 조심스럽게 | **quietly** 조용히 | **kind** 친절한, 다정한
get up (앉거나 누워 있다가) 일어나다 | **early** 일찍 | **sing** 노래하다 | **expensive** 값비싼

Unit 3 전치사

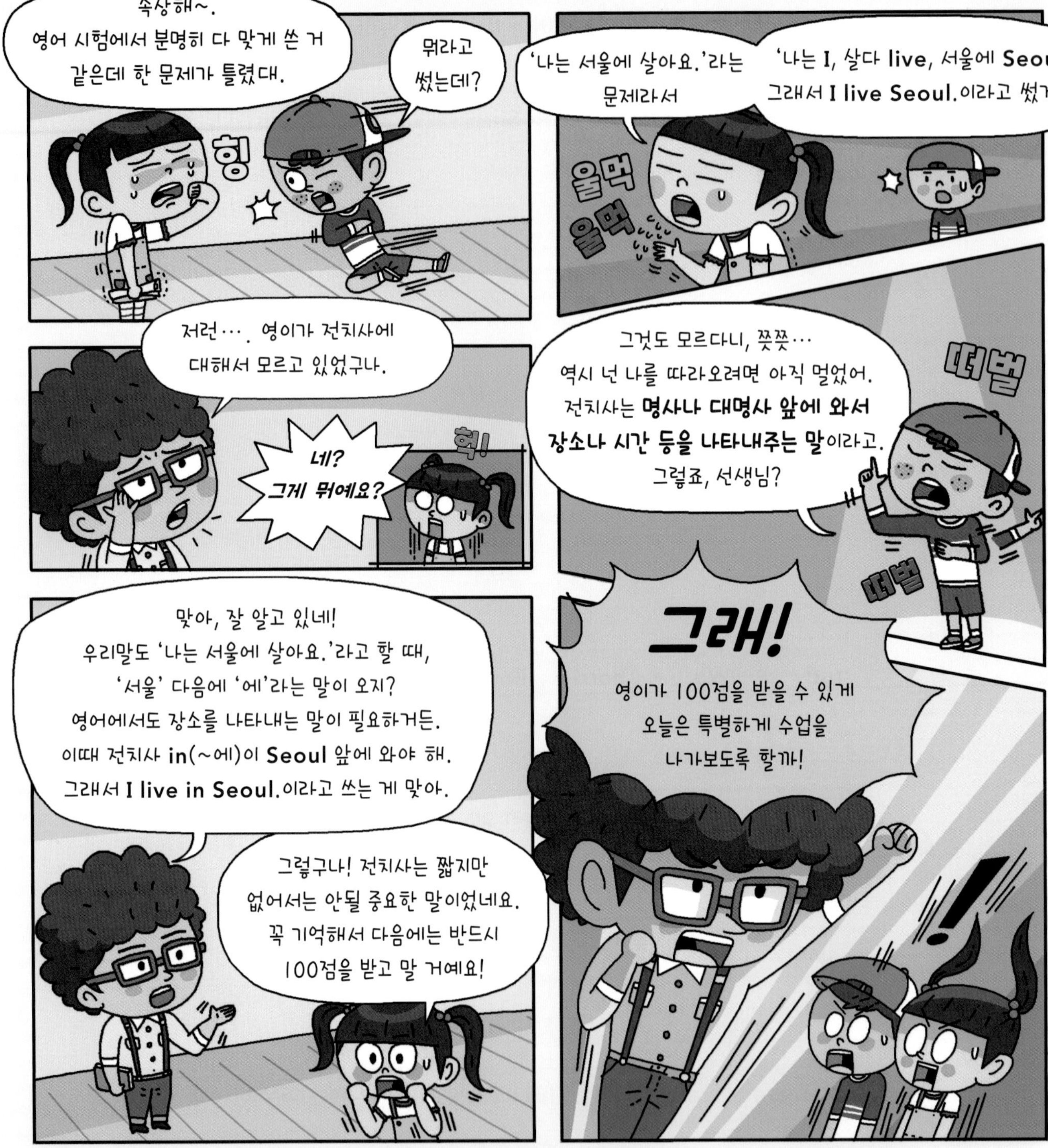
속상해~.
영어 시험에서 분명히 다 맞게 쓴 거 같은데 한 문제가 틀렸대.
힝
뭐라고 썼는데?
'나는 서울에 살아요.'라는 문제라서
'나는 I, 살다 live, 서울에 Seoul' 그래서 I live Seoul.이라고 썼거든.
울먹 울먹
저런…. 영이가 전치사에 대해서 모르고 있었구나.
네? 그게 뭐예요?
헉!
그것도 모르다니, 쯧쯧… 역시 넌 나를 따라오려면 아직 멀었어. 전치사는 명사나 대명사 앞에 와서 장소나 시간 등을 나타내주는 말이라고. 그렇죠, 선생님?
떠벌
떠벌
맞아, 잘 알고 있네! 우리말도 '나는 서울에 살아요.'라고 할 때, '서울' 다음에 '에'라는 말이 오지? 영어에서도 장소를 나타내는 말이 필요하거든. 이때 전치사 in(~에)이 Seoul 앞에 와야 해. 그래서 I live in Seoul.이라고 쓰는 게 맞아.
그렇구나! 전치사는 짧지만 없어서는 안될 중요한 말이었네요. 꼭 기억해서 다음에는 반드시 100점을 받고 말 거예요!
그래!
영이가 100점을 받을 수 있게 오늘은 특별하게 수업을 나가보도록 할까!
!

Key Point

전치사는 in, at, for 등 우리가 영어 문장에서 자주 만났던 말이야. 명사나 대명사 앞에 쓰여서 장소, 시간, 방법, 이유 등을 나타내는데, 혼자서는 절대 못 쓰인다는 걸 명심해!

혼자서는 절대 못 쓰이는 전치사

① 장소를 나타내는 전치사는 어떤 것이 어디에 있는지 알려줘요.

in ~ 안에, ~에

A ball is **in** the box.

on ~ 위에, ~에

A ball is **on** the box.

under ~ 아래에

A ball is **under** the box.

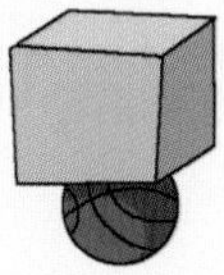

in front of ~ 앞에

A ball is **in front of** the box.

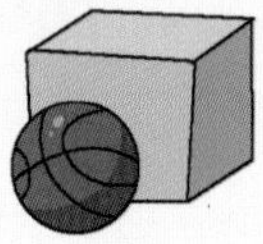

behind ~ 뒤에

A ball is **behind** the box.

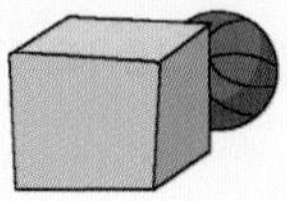

② 시간을 나타내는 전치사는 어떤 일이 언제 일어났는지 알려줘요.

at 특정한 시각 앞에	on 요일, 날짜, 특정한 날 앞에	in 오전, 오후, 월, 년도, 계절 앞에
at 3 o'clock 3시에	**on** Sunday 일요일에	**in** the morning 아침에
at noon 정오(낮 12시)에	**on** April 1st 4월 1일에	**in** October 10월에
at midnight 자정(밤 12시)에	**on** Christmas Day 크리스마스 날에	**in** summer 여름에

③ 그 밖에도 **방법, 방향** 등을 나타내는 다양한 전치사들이 있어요.

by ~로 (교통, 통신 수단)

He goes to school **by** bus.

그는 버스를 타고 학교에 간다.

to ~로, ~에게

We go **to** the store.

우리는 가게에 간다.

for ~을 위해

Mom makes a cake **for** me.

엄마는 나를 위해 케이크를 만드신다.

Practice

Step 1

다음 문장에서 전치사를 찾아 동그라미 하고 빈칸에 쓰세요.

1	A dog is under the tree.	under
2	The boy is hiding behind the door.	
3	I give a gift to James.	
4	My school is in front of my house.	
5	We go skiing in winter.	
6	Kevin has lunch at noon.	
7	A cat is sleeping on the sofa.	
8	They have a party on Christmas Day.	

Words

hide 숨다 | **door** 문 | **give** ~을 주다 | **gift** 선물 | **school** 학교 | **go skiing** 스키 타러 가다
winter 겨울 | **have lunch** 점심을 먹다 | **noon** 정오, 낮 12시 | **have a party** 파티를 열다

Step 2

다음 괄호 안에서 알맞은 것을 고르세요.

1 The museum closes (at / in) 6 p.m.
그 박물관은 오후 6시에 문을 닫는다.

2 I have a piano lesson (in / on) Mondays.
나는 월요일에 피아노 레슨이 있다.

3 Valentine's Day is (in / on) February.
발렌타인데이는 2월이다.

4 Summer vacation starts (in / on) July 2nd.
여름 방학은 7월 2일에 시작한다.

5 I want a birthday party (at / on) Saturday.
나는 토요일에 내 생일 잔치를 원한다.

6 I go to school (in / at) the morning.
나는 아침에 학교에 간다.

7 I have breakfast (on / at) 7 o'clock.
나는 7시에 아침을 먹는다.

8 We go swimming (on / in) summer.
우리는 여름에 수영하러 간다.

Words

museum 박물관 | **close** (문 또는 가게 등을) 닫다, 마치다 | **piano lesson** 피아노 레슨
summer vacation 여름 방학 | **breakfast** 아침 식사 | **go swimming** 수영하러 가다 | **summer** 여름

Practice

Step 3

다음 주어진 단어를 이용하여 문장을 완성하세요.

도시나 국가 앞에는
in을 쓰는 것이
자연스러워!

1 He lives ___in___ ___Spain___. Spain / in

2 Sam walks ______ ______. to / school

3 Some books are ______ ______. my bag / in

4 We buy a necklace ______ ______. for / mom

5 The bookstore is ______ ______. my school / in front of

6 A clock is ______ ______. on / the piano

7 The lamp is ______ ______. the sofa / behind

8 My dad goes to work ______ ______. subway / by

Words

live in ~에 살다 | **walk** 걷다 | **buy** 사다 | **necklace** 목걸이 | **bookstore** 서점 | **clock** 시계
lamp 램프, 등 | **go to work** 출근하다 | **subway** 지하철

Step 4

다음 우리말과 일치하도록 주어진 단어를 바르게 배열하세요.

1 | Seoul | I | in | live | 나는 서울에 산다.
→ I live in Seoul.

2 | is | A cat | under | the tree | 고양이가 그 나무 아래에 있다.
→

3 | Jane | behind | is | Susan | Jane은 Susan 뒤에 있다.
→

4 | is | for | you | This book | 이 책은 너를 위한 것이다.
→

5 | to | the bakery | goes | Tony | Tony는 빵집에 간다.
→

6 | 5 o'clock | Let's | meet | at | 5시에 만나자.
→

7 | is | A key | the table | on | 열쇠가 탁자 위에 있다.
→

8 | swim | We | in | summer | 우리는 여름에 수영한다.
→

Words

under ~ 아래에 | **behind** ~ 뒤에 | **bakery** 빵집 | **meet** 만나다 | **key** 열쇠 | **swim** 수영하다

Unit 4 접속사와 감탄사

야, 거기 서!
내 편지 내놔!
남몰래 수지를 짝사랑하고 있었다니~.
Oh, Suzy. I like you so much.
You are very kind and pretty.
아니, 무슨 사랑 고백 편지가
이렇게 재미없어?
문장도 너무 유치하고….
어머! 어머!
남의 편지를 함부로 읽다니….
어? 근데 문장이 왜 유치해?
이유를 나타내는 접속사를 이용해서 자연스럽고 세련되게 써야지. 이렇게 말이야!
I like you so much because you are very kind and pretty.
Bravo! 문장 좋은데!
문장과 문장을 연결해 주는 접속사
because(~ 때문에)를 쓰니까 문장이 훨씬 자연스럽지?
짝! 짝! 짝!
이, 이럴 수가…! 선생님도 들으셨어요?!
헉!
그리고 Oh!와 Bravo!는
감정을 나타내는 감탄사라고 한단다.
그나저나, 문법이가 수지를 좋아했구나.
ㅋㅋㅋ
내가 수지를 좋아한다는 게 학교에 소문이 다 퍼지겠네.
Aahhh

Key Point

접속사는 단어와 단어, 문장과 문장을 연결해 주는 말이야. 잘 사용하면 하고 싶은 말을 보다 자연스럽게 할 수 있으니 알아두면 참 좋아. 그리고 Oh!와 Bravo! 같이 기쁨, 슬픔, 놀라움 같은 감정 표현의 말을 감탄사라고 한다는 것도 기억해 줘.

작지만 꼼꼼히 연결하는 역할은 분명히!

① 접속사 and, but, or, so는 문법적으로 비슷한 단어와 단어, 문장과 문장을 연결해 줘요.

and 그리고	He likes milk **and** juice. 그는 우유와 주스를 좋아한다.	I met Tom **and** hugged him. 나는 Tom을 만났고 그를 껴안았다.
but 그러나	The house is old **but** expensive. 그 집은 낡았지만 비싸다.	I am tall, **but** she is short. 나는 키가 크지만 그녀는 키가 작다.
or 또는	Do you like summer **or** winter? 너는 여름이 좋니 아니면 겨울이 좋니?	We take a bus **or** ride a bike. 우리는 버스를 타거나 자전거를 탄다.
so 그래서	Jessy is shy **so** she doesn't talk much. Jessy는 수줍음이 많아서 말을 많이 하지 않는다.	He studied hard **so** he got a perfect score. 그는 열심히 공부해서 100점을 받았다.

② 접속사 because는 이유를 나타내고, 접속사 when은 시간을 나타내요.

because ~ 때문에	We like Adam **because** he is kind. Adam은 친절하기 때문에 우리는 그를 좋아한다.	I married him **because** I love him. 나는 그를 사랑하기 때문에 그와 결혼했다.
when ~할 때	**When** I eat chocolate, I'm happy. 나는 초콜릿을 먹을 때 행복하다.	**When** I was young, I was tall. 나는 어렸을 때 키가 컸다.

③ 감탄사는 기쁨, 슬픔, 놀라움 등을 나타내는 감정 표현의 말이에요.

Wow! The car is nice!
우와! 그 차 멋지다!

Ouch, it hurts!
아야, 아파!

Bravo!
브라보!

Oops!
아이쿠!

Practice

Step 1 다음 문장에서 접속사를 찾아 동그라미 하고 빈칸에 쓰세요.

1	Do you want coffee (or) tea?	or
2	I have two hamsters and one lizard.	
3	The car is nice but expensive.	
4	Amy is kind so everyone likes her.	
5	When it snows, we go skiing.	
6	I am busy so I can't go out.	
7	Is he a scientist or a doctor?	
8	I like Jenny because she is very nice.	

Words

coffee 커피 | **tea** (마시는) 차 | **hamster** 햄스터 | **lizard** 도마뱀 | **everyone** 모든 사람, 모두
go skiing 스키 타러 가다 | **busy** 바쁜 | **go out** 외출하다, 나가다 | **scientist** 과학자 | **doctor** 의사

Step 2

다음 우리말과 일치하도록 보기에서 알맞은 접속사를 골라 문장을 완성하세요.

보기	and	but	or	so

1 I like summer, ___but___ I don't like winter.
나는 여름은 좋아하지만 겨울은 좋아하지 않는다.

2 She has an apple ________ an orange.
그녀는 사과와 오렌지를 가지고 있다.

3 Matt ________ I are friends.
Matt과 나는 친구이다.

4 We go to school by bus ________ by subway.
우리는 버스를 타거나 지하철을 타고 학교에 간다.

5 My dad jogs every morning ________ he is healthy.
내 아빠는 매일 아침 조깅해서 건강하시다.

6 I like baseball, ________ Hannah likes basketball.
나는 야구를 좋아하지만 Hannah는 농구를 좋아한다.

7 You can come to my home today ________ tomorrow.
너는 우리 집에 오늘이나 내일 올 수 있다.

8 Jason always smiles ________ his friends like him.
Jason은 항상 웃어서 그의 친구들은 그를 좋아한다.

Words

like 좋아하다 | **summer** 여름 | **go to school** 학교에 가다 | **subway** 지하철 | **jog** 조깅하다
healthy 건강한 | **baseball** 야구 | **tomorrow** 내일 | **smile** 웃다

Practice

Step 3 다음 우리말과 일치하도록 보기의 단어를 이용하여 문장을 완성하세요.

보기 because when

1. __When__ we watch movies, we eat popcorn.
   우리는 영화를 볼 때 팝콘을 먹는다.

2. I study science hard __________ I like it.
   나는 과학을 좋아하기 때문에 열심히 공부한다.

3. Bob is happy __________ today is his birthday.
   오늘이 Bob의 생일이기 때문에 그는 행복하다.

4. __________ I listen to music, I feel happy.
   나는 음악을 들을 때 행복하다.

5. We can't go out __________ it is raining.
   비가 오기 때문에 우리는 밖에 나갈 수가 없다.

6. __________ I was young, I lived in Canada.
   나는 어렸을 때 캐나다에 살았다.

7. We stay at home __________ it is very cold.
   매우 춥기 때문에 우리는 집에 머무른다.

8. __________ I have lunch, I drink tea.
   나는 점심을 먹을 때 차를 마신다.

Words

watch a movie 영화를 보다 | **popcorn** 팝콘 | **science** 과학 | **listen to music** 음악을 듣다
go out 외출하다, 나가다 | **young** 어린 | **stay** 머무르다 | **cold** 추운 | **drink** 마시다

Step 4

다음 우리말과 일치하도록 밑줄 친 부분을 바르게 고쳐 문장을 다시 쓰세요.

1 The students are tired <u>but</u> hungry. 그 학생들은 피곤하고 배고프다.
→ The students are tired and hungry.

2 They can't come <u>so</u> they're busy. 그들은 바쁘기 때문에 올 수 없다.
→

3 We are poor <u>and</u> happy. 우리는 가난하지만 행복하다.
→

4 I go to school by bus <u>and</u> by bike. 나는 버스를 타거나 자전거를 타고 학교에 간다.
→

5 <u>Because</u> I read books, I listen to music. 나는 책을 읽을 때 음악을 듣는다.
→

6 She is kind <u>when</u> she has many friends. 그녀는 친절해서 친구들이 많다.
→

7 I didn't go to school <u>but</u> I was sick. 나는 아팠기 때문에 학교에 가지 않았다.
→

8 He can speak Chinese, <u>so</u> I can't. 그는 중국어를 말할 수 있지만 나는 말할 수 없다.
→

Words

tired 피곤한 | **come** 오다 | **poor** 가난한 | **go to school** 학교에 가다 | **bike** 자전거 | **read** 읽다
sick 아픈 | **speak** 말하다 | **Chinese** 중국어

Chapter 2 Test

[1-4] 다음 중 빈칸에 들어갈 알맞은 것을 고르세요.

1 Nick is a ______________ student.

① very ② happily ③ smart
④ slowly ⑤ nicely

2 We live ______________ Sydney.

① to ② under ③ on
④ in ⑤ by

3 I go to school ______________ bus.

① for ② on ③ in
④ to ⑤ by

4 They speak English ______________ French.

① but ② and ③ so
④ when ⑤ because

정답과 해설 p.58

5 다음 중 빈칸에 들어갈 수 없는 것을 고르세요.

They dance ________________.

① well ② happily ③ good
④ nicely ⑤ hard

[6-7] 다음 중 밑줄 친 부분이 잘못된 것을 고르세요.

6 ① Sam is so kind.
② I get up early.
③ I can run very fastly.
④ They cry sadly.
⑤ Luckily, our cat came back home.

7 ① She is a shy girl.
② We are happy now.
③ Math is hard.
④ The picture is really beautifully.
⑤ The train moves slowly.

8 다음 중 빈칸에 공통으로 들어갈 알맞은 것을 고르세요.

- We have lunch ____________ noon.
- I have breakfast ____________ 7 o'clock.

① in ② on ③ at
④ for ⑤ to

9 다음 그림을 보고 빈칸에 many나 much를 써서 문장을 완성하세요.

①  We have ________ books.

②  I don't have ________ time.

③  There is ________ snow in the country.

④  Jenny has ________ friends.

[10-11] 다음 보기의 단어를 이용하여 문장을 완성하세요.

10

and	but	or	so

① The car is nice ________ expensive.
그 차는 멋지지만 비싸다.

② Andy ________ I are friends.
Andy와 나는 친구이다.

③ We take a bus ________ ride a bike.
우리는 버스를 타거나 자전거를 탄다.

④ Alice is shy ________ she doesn't talk much.
Alice는 수줍음이 많아서 말을 많이 하지 않는다.

11

and	or	because	when

① I need a pen _________ paper.
나는 펜과 종이가 필요하다.

② _________ I eat chocolate, I'm happy.
나는 초콜릿을 먹을 때 행복하다.

③ Bob is happy _________ today is his birthday.
오늘이 Bob의 생일이기 때문에 그는 행복하다.

④ Do you want coffee _________ tea?
커피 드실래요 아니면 차 드실래요?

12 **다음 우리말과 일치하도록 주어진 단어를 알맞게 배열하세요.**

① Lucy는 도서관에 있다. is / Lucy / the library / in

→ _______________________________.

② 그 서점은 내 집 뒤에 있다. is / behind / The bookstore / my / house

→ _______________________________.

③ 그 수프는 매우 맛있는 냄새가 난다. smells / very / delicious / The soup

→ _______________________________.

④ 엄마는 나를 위해 케이크를 만드신다. makes / for / Mom / me / a cake

→ _______________________________.

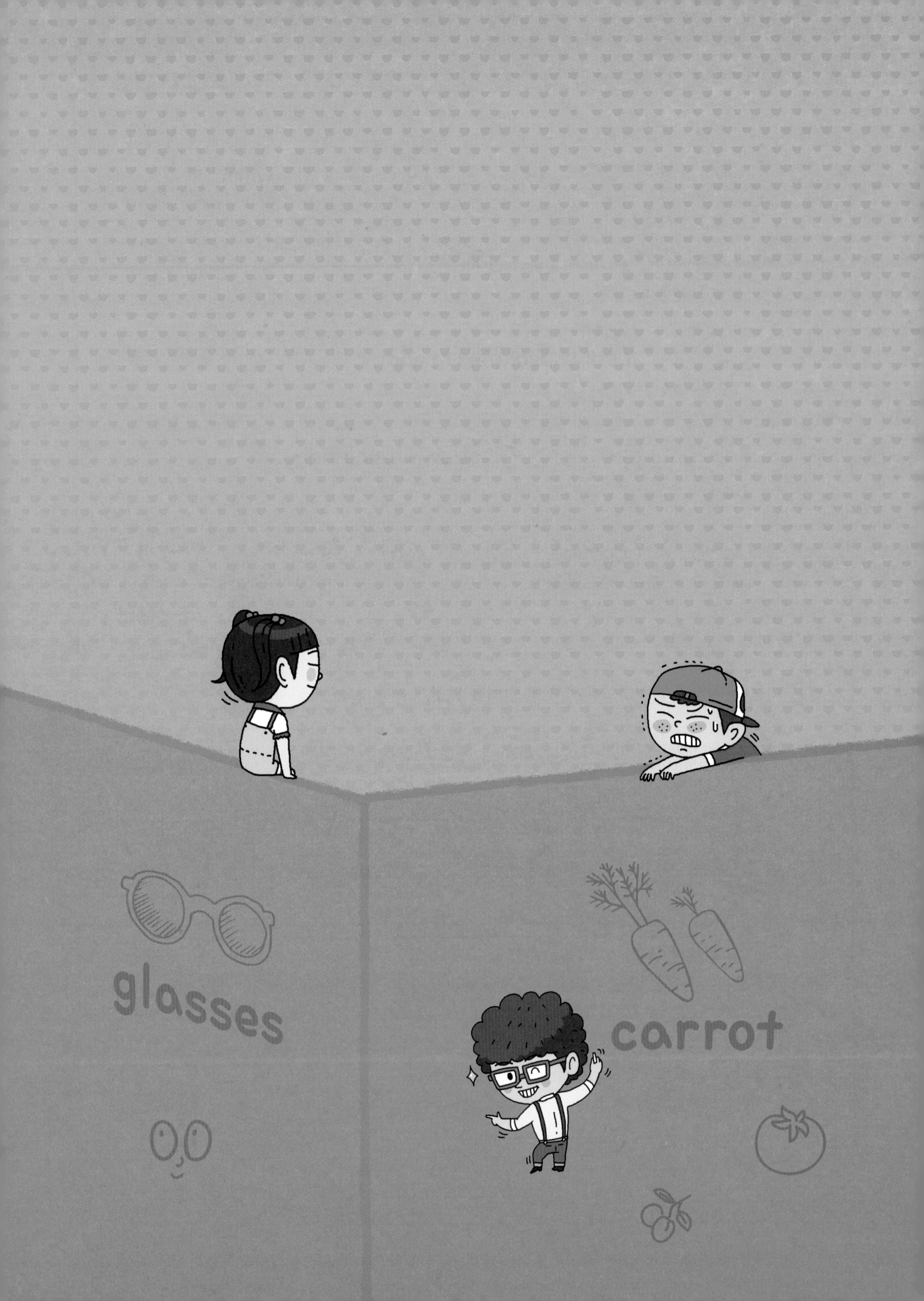
glasses
carrot

Chapter

3

문장의 구성

Unit 1 주어와 동사

Unit 2 목적어

Unit 3 보어: 주격 보어

Unit 4 보어: 목적격 보어

Unit 1 주어와 동사

으아악! 머리 아파.
몇 번을 읽어도 주어, 동사가 무슨 말인지 잘 모르겠어.
어머, 영어에 대해선 늘 자신감 넘치는 잘난척쟁이가 웬일이야?
탁!
원숭이도 나무에서 떨어질 때가 있는 법이야. 영이야, 주어랑 동사 다시 한번만 설명해 줘.
뿅
좋아~ 그럼 오늘 떡볶이는 네가 쏘는 거다!
그, 그래….
한 번만 설명해 줄 테니 잘 들어. 주어는 문장의 주인이야. 동사는 주어의 동작이나 상태를 나타내는 말이야. He likes an apple.에서 주어는 He, 동사는 likes이지.
흠, 그렇구나. 그럼 an apple은 뭐야?
어, 음…. 그건 말이지…
워더라…
그건 선생님이 설명해 줄게! an apple은 주어가 하는 동작의 대상이 되는 말인 목적어야. 주어 He가 좋아하는 대상이 바로 an apple이지? 그래서 an apple이 목적어가 되는 거야.
오호! 감사합니다, 선생님! 그리고 완벽하게 설명하지 못했으니까 떡볶이는 없어!
뭐야! 그런게 어딨어!
흥~

Key Point

주어와 동사는 영어 문장에서 최소 단위라고 할 수 있어. 그래서 문장은 반드시 주어와 동사를 가지고 있어야 해! 이제부터 영어 문장은 어떻게 이루어져 있는지 한번 알아볼까?

문장의 자격 요건! 주어, 동사, 목적어, 보어

① 영어 문장은 **주어**, **동사**, **목적어**, **보어**로 이루어져 있어요.

모든 영어 문장은 반드시 주어와 동사를 가지고 있고, 동사에 따라 뒤에 목적어가 오기도 하고 보어가 오기도 하면서 다양한 형태의 영어 문장들이 만들어져요.

주어	동사
He	runs.
그는	달린다.

주어	동사	목적어
He	likes	an apple.
그는	좋아한다	사과를.

주어	동사	보어
She	is	my friend.
그녀는	이다	내 친구.

② **주어**는 문장의 제일 앞에 나와서 문장을 이끌어요. 우리말로는 '~은, ~는, ~이, ~가'에 해당해요.

주어

Elephants are big animals.

코끼리들은 이다 큰 동물들.

주어

They are firefighters.

그들은 이다 소방관들.

주어는 '누가 ~이다, 누가 ~하다'에서 '누가'에 해당해. 명사와 대명사 모두 주어가 될 수 있지.

동사의 종류에는 be동사(am, are, is), 일반동사(study, read, dance), 조동사(can, will)가 있어요.

③ **동사**는 주어의 동작이나 상태를 나타내는 말이에요.
우리말로는 '~이다, ~하다'에 해당해요.

동사는 '누가 ~이다, 누가 ~하다'에서 '~이다, ~하다'에 해당해.

주어	동사	
Tony	**is**	a student.
Tony는	이다	학생.

주어	동사	
She	**teaches**	science.
그녀는	가르친다	과학을.

Practice

아주 쉽네~
주어는 문장
제일 앞에 나와!

Step 1 다음 문장에서 주어를 찾아 동그라미 하고 빈칸에 쓰세요.

1	She is smart.	She
2	Tom wants a new house.	
3	Cathy looks pretty.	
4	He is a famous singer.	
5	You like a cute panda.	
6	They are great musicians.	
7	Jenny and Sarah bake cookies.	
8	It is my little doll.	

Words

smart 똑똑한 | **house** 집 | **pretty** 예쁜 | **famous** 유명한 | **like** 좋아하다 | **cute** 귀여운
musician 음악가 | **bake** 굽다 | **doll** 인형

다음 문장에서 동사를 찾아 세모를 하고 빈칸에 쓰세요.

동사는 주어의 동작이나 상태를 나타내!

1	Dogs △are△ friendly animals.	are
2	Birds sing.	
3	Michael and I go to the park.	
4	My grandpa tells me funny stories.	
5	My role model is my dad.	
6	I play the cello.	
7	The ruler is on the desk.	
8	She cleans her room.	

Words

animal 동물 | sing 노래하다 | go 가다 | park 공원 | tell 알리다, 말하다 | role model 롤모델
play 놀다, 연주하다 | cello 첼로 | ruler 자 | on the desk 책상 위에 | clean 청소하다 | room 방

Practice

Step 3

다음 문장에서 주어와 동사를 찾아 표에 쓰세요.

		주어	동사
1	He walks to school.	He	walks
2	Koalas live in Australia.		
3	They are my friends.		
4	She knows Nick.		
5	It is Jenny's garden.		
6	I like her new bicycle.		
7	Mark has many books.		
8	Kelly exercises after dinner.		

Words

walk 걷다 | **school** 학교 | **koala** 코알라 | **live** 살다 | **friend** 친구 | **know** 알다 | **garden** 정원
bicycle 자전거 | **exercise** 운동하다 | **after dinner** 저녁 식사 후에

Step 4

다음 주어진 단어를 이용하여 문장을 완성하세요.

1 ___We___ ___like___ English. like We
우리는 영어를 좋아한다.

2 ______ ______ to the zoo. Children go
아이들이 동물원에 간다.

3 ______ ______ the guitar. plays Andy
Andy는 기타를 연주한다.

4 ______ ______ a long neck. has A giraffe
기린은 긴 목을 가지고 있다.

5 ______ ______ very well. swims He
그는 수영을 매우 잘한다.

6 ______ ______ Japanese. learns Julie
Julie는 일본어를 배운다.

7 ______ ______ in the park now. is Terry
Terry는 지금 공원에 있다.

8 ______ ______ the movie together. They watch
그들은 함께 그 영화를 본다.

Words

zoo 동물원 | **play the guitar** 기타를 연주하다 | **neck** 목 | **swim** 수영하다 | **learn** 배우다
Japanese 일본어 | **in the park** 공원에 | **movie** 영화

Unit 2 목적어

문장의 구성 요소는 주어, 동사, 목적어, 보어 ♫
문법이 너, 왜 그렇게 신났어?
하핫!
이제 나는 영어 문장을 완전히 정복한 남자야!
너무 잘난 척하지 마. 영어가 그렇게 쉽게 정복이 될 것 같아?
주어, 동사 외에도 목적어랑 보어도 꼼꼼히 공부해야 할 거 아니겠어?
음...
선생님께서 목적어가 뭐라고 하셨는데. 음, 뭐였더라?
이런. 지난번에 설명해 준 걸 금세 잊어버렸다니 선생님은 조금 슬프구나. 목적어는 **주어가 하는 동작의 대상이 되는 말**이야. 우리말로는 보통 '~을, ~를'로 해석되지.
앗, 이제 기억났어요. **We study English.**에서 우리가 공부하는 대상이 **English**니까 목적어는 바로 **English**이에요!
그렇지, 바로 이해했구나! 문법이는 하나를 알려주면 열을 아는구나.
얘는 칭찬해주면 너무 우쭐해서 안 돼요, 선생님~
역시! 나는 천재야!
영어 문장 완전 정복을 향해 또 한 걸음 내딛었어!
YES!!

Key Point

목적어는 주어가 하는 동작의 대상이 되는 말이고, 문장에서 '~을, ~를'에 해당해. 주어와 동사 다음에 목적어가 온다는 순서도 중요하니까 잘 기억해 둬!

목적어는 명사, 대명사를 좋아해!

목적어는 동사 뒤에 오고 우리말로는 '~을, ~를'에 해당해요. 명사와 대명사가 목적어가 될 수 있어요.

- 목적어가 명사일 때

주어	동사	목적어
I	wear	glasses.
나는	쓴다	안경을.
We	like	pizza.
우리는	좋아한다	피자를.

주어	동사	목적어
She	has	hamsters.
그녀는	가지고 있다	햄스터들을.
He	wrote	a novel.
그는	썼다	소설을.

- 목적어가 대명사일 때

I have two brothers.
나는 형제 두 명이 있다.

주어	동사	목적어
I	love	them. ~~they~~
나는	사랑한다	그들을.

목적어 자리에 오는
대명사는 반드시
목적격이어야 해!

Jenny is a kind girl.
Jenny는 친절한 소녀다.

주어	동사	목적어
Everyone	likes	her. ~~she~~
모든 사람들은	좋아한다	그녀를.

Practice

Step 1

다음 문장에서 목적어를 찾아 동그라미 하고 빈칸에 쓰세요.

잊지 마! 목적어는 주어가 하는 동작의 대상이 되는 말이야!

1	I play soccer on Sundays.	soccer
2	I love my sister very much.	
3	Sally wants a white hat.	
4	Henry plays the violin.	
5	My uncle studies French.	
6	The boy likes candies.	
7	We love our parents.	
8	We use chopsticks well.	

Words

soccer 축구 | **sister** 언니, 누나, 여동생 | **white** 흰색의, 흰 | **violin** 바이올린 | **study** 공부하다
French 프랑스어 | **candy** 사탕 | **parents** 부모 | **use** 사용하다 | **chopsticks** 젓가락

Step 2

다음 주어진 단어를 이용하여 문장을 완성하세요.

1 He hates carrots . carrots hates

2 Mom ________ ________ for us. makes a pie

3 A squirrel ________ ________ . acorns eats

4 My grandfather ________ ________ very much. us loves

5 Our house ________ ________ . has two rooms

6 She ________ ________ . a novel wrote

7 Mr. Harry ________ ________ at school. history teaches

8 Sarah ________ ________ . rides a bicycle

Words

hate 몹시 싫어하다 | **carrot** 당근 | **pie** 파이 | **squirrel** 다람쥐 | **acorn** 도토리
grandfather 할아버지 | **wrote** write(쓰다)의 과거형 | **novel** 소설 | **history** 역사 | **ride** 타다

Practice

Step 3 다음 밑줄 친 부분을 바르게 고쳐 문장을 다시 쓰세요.

1. He a new car bought. 그는 새 차를 샀다.
→ He bought a new car.

2. My uncle French teaches. 나의 삼촌은 프랑스어를 가르치신다.
→

3. My father my mother loves. 나의 아버지는 나의 어머니를 사랑하신다.
→

4. Tony a letter wrote. Tony는 편지를 썼다.
→

5. Sally a big present wants. Sally는 큰 선물을 원한다.
→

6. I bad weather hate. 나는 나쁜 날씨를 몹시 싫어한다.
→

7. Mommy bear her baby feeds. 엄마 곰은 아기 곰에게 먹이를 준다.
→

8. Mrs. White three parrots has. White 부인은 앵무새 세 마리가 있다.
→

Words

bought buy(사다)의 과거형 | **teach** 가르치다 | **letter** 편지 | **present** 선물 | **weather** 날씨
feed 밥을 주다, 먹이를 주다 | **parrot** 앵무새

Step 4 다음 우리말과 일치하도록 주어진 단어를 바르게 배열하세요.

1 animals | I | love — 나는 동물들을 사랑한다.
→ I love animals.

2 bought | a book | Sarah — Sarah는 책 한 권을 샀다.
→

3 cars | fixes | My uncle — 나의 삼촌은 자동차를 고치신다.
→

4 a bike | wants | Tom — Tom은 자전거를 원한다.
→

5 The chef | a cake | bakes — 그 요리사는 케이크를 굽는다.
→

6 has | a big garden | The house — 그 집은 큰 정원이 있다.
→

7 does | the dishes | My mom — 나의 엄마는 설거지를 하신다.
→

8 a nice watch | has | He — 그는 멋진 시계가 있다.
→

Words

love 사랑하다 | **fix** 고치다 | **want** 원하다 | **chef** 요리사 | **bake** 굽다 | **garden** 정원
do the dishes 설거지를 하다 | **watch** (손목)시계

Unit 3 보어: 주격 보어

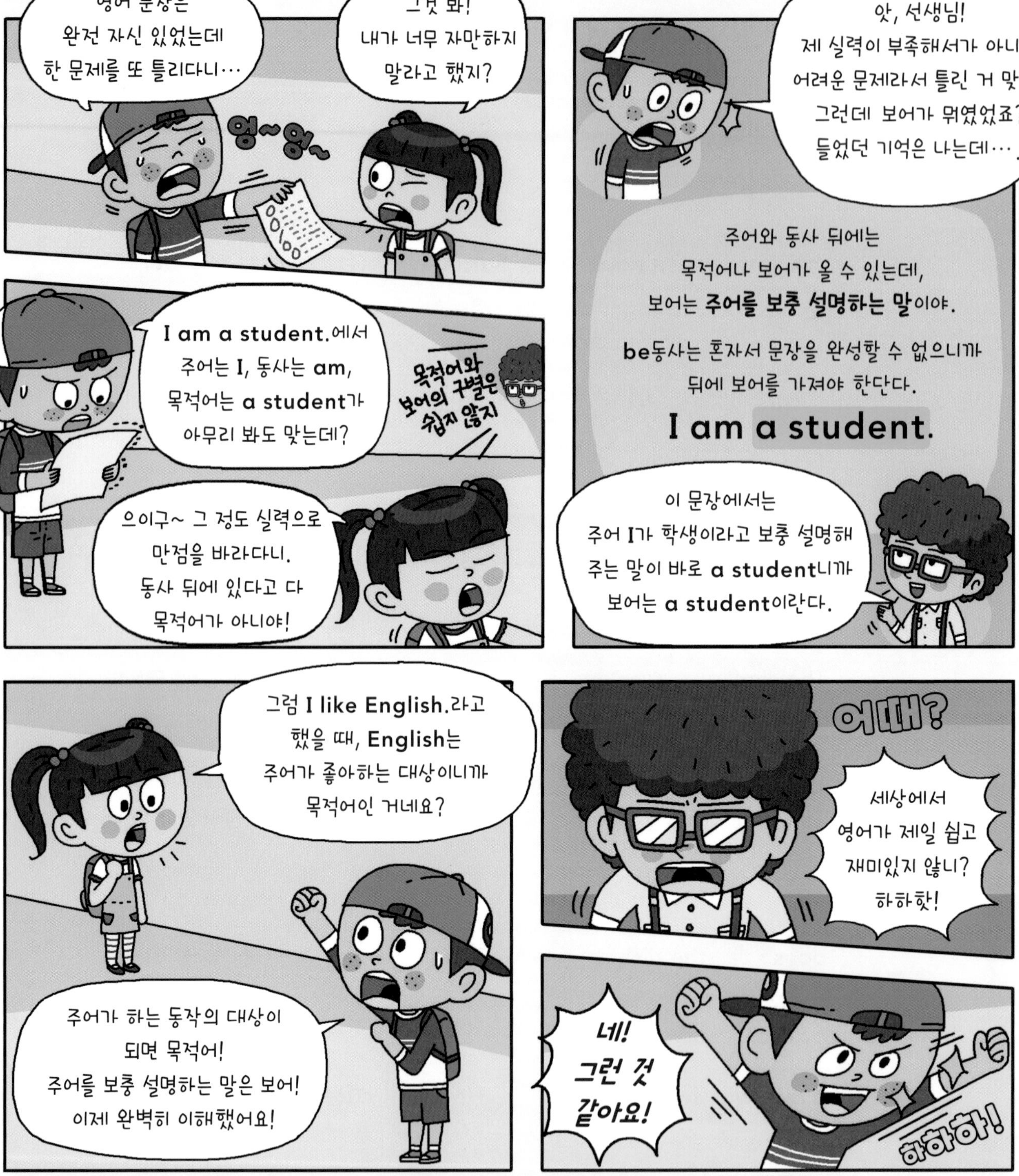

영어 문장은 완전 자신 있었는데 한 문제를 또 틀리다니…
그것 봐! 내가 너무 자만하지 말라고 했지?
엉~엉~
앗, 선생님! 제 실력이 부족해서가 아니라 어려운 문제라서 틀린 거 맞죠? 그런데 보어가 뭐였었죠? 들었던 기억은 나는데….
I am a student.에서 주어는 I, 동사는 am, 목적어는 a student가 아무리 봐도 맞는데?
목적어와 보어의 구별은 쉽지 않지
으이구~ 그 정도 실력으로 만점을 바라다니. 동사 뒤에 있다고 다 목적어가 아니야!
주어와 동사 뒤에는 목적어나 보어가 올 수 있는데, 보어는 **주어를 보충 설명하는 말**이야.
be동사는 혼자서 문장을 완성할 수 없으니까 뒤에 보어를 가져야 한단다.
I am a student.
이 문장에서는 주어 I가 학생이라고 보충 설명해 주는 말이 바로 a student니까 보어는 a student이란다.
그럼 I like English.라고 했을 때, English는 주어가 좋아하는 대상이니까 목적어인 거네요?
주어가 하는 동작의 대상이 되면 목적어! 주어를 보충 설명하는 말은 보어! 이제 완벽히 이해했어요!
어때?
세상에서 영어가 제일 쉽고 재미있지 않니? 하하핫!
네! 그런 것 같아요!
하하하!

Key Point

보어는 말 그대로 '보충해 주는 말'이야. 보어는 주어나 목적어를 보충 설명해 주는데 오늘은 주어를 보충해 주는 주격 보어를 공부해 보자!

↘ 목적어를 보충 설명해 주는 목적격 보어에 대한 건 다음 시간에 공부해요.

보어는 명사, 형용사를 좋아해!

① **보어**는 **주**이니 목적어를 보충 설명해 주는 말이에요. 명사와 형용사가 보어가 될 수 있어요.
주격 보어는 동사 뒤에서 주어를 보충 설명해 줘요.

주어	동사	주격 보어	
She	is	**a teacher.** (명사)	(She = a teacher)
She	is	**kind.** (형용사)	(She = kind)

주어	동사	주격 보어	
He	is	**a student.**	(He = a student)
He	is	**smart.**	(He = smart)

비교! She likes an apple. (목적어: an apple) (She ≠ an apple)

---

② **be**동사 외에 주격 보어를 가지는 동사들은 **become**, **look**, **smell**, **feel** 등이 있어요.

I become **nervous** before tests.
나는 시험 전에 긴장이 된다.

You look **pretty** in the new dress.
너는 새 드레스를 입으니 예뻐 보인다.

This shampoo smells **nice**.
이 샴푸는 좋은 냄새가 난다.

This sofa feels **soft**.
이 소파는 푹신하게 느껴진다.

look(~하게 보이다), **smell**(~한 냄새가 나다), **feel**(~하게 느끼다), **sound**(~하게 들린다), **taste**(~한 맛이 나다) 등 오감과 관련된 동사를 감각동사라고 하는데, 특히 형용사가 보어로 와요.

Practice

Step 1 다음 문장에서 주격 보어를 찾아 동그라미 하고 빈칸에 쓰세요.

1	He is a singer.	a singer
2	Jimmy becomes happy.	
3	We are healthy.	
4	He looks nice in new glasses.	
5	This pillow feels soft.	
6	The flower smells sweet.	
7	The cookies taste good.	
8	You look tired today.	

look, feel, smell, taste를
감각동사라고 하는데, 뒤에 보통
형용사가 주격 보어로 와.

Words

singer 가수 | **become** ~이 되다 | **healthy** 건강한 | **nice** 좋은 | **glasses** 안경 | **pillow** 베개
soft 부드러운, 푹신한 | **sweet** 달콤한 | **cookie** 쿠키 | **tired** 피곤한 | **today** 오늘

Step 2

다음 밑줄 친 부분의 문장의 구성 요소를 보기에서 골라 쓰세요.

보어는 주어를 보충 설명해주는 말!
목적어는 주어가 하는
동작의 대상이 되는 말!

보기 | 보어 | 목적어

1	I am a student.	보어
2	We like summer.	
3	The air feels cool.	
4	Leaves become red in autumn.	
5	My brother has a bicycle.	
6	The girl looks beautiful in the pink coat.	
7	Mike wrote a novel.	
8	They are firefighters.	

Words

summer 여름 | **air** 공기 | **cool** 시원한 | **leaf** 잎 | **autumn** 가을 | **coat** 코트
wrote write(쓰다)의 과거형 | **novel** 소설 | **firefighter** 소방관

Practice

Step 3

다음 주어진 단어를 이용하여 문장을 완성하세요.

1. This pie ___smells___ ___delicious___. delicious smells

2. I ___________ ___________ when I see my mom. feel happy

3. Bob ___________ ___________. lazy is

4. The bed ___________ ___________. hard feels

5. Water ___________ ___________ when it's cold. ice becomes

6. He ___________ ___________ in the blue jacket. handsome looks

7. You ___________ ___________. tired look

8. Mr. Brown ___________ ___________ when we're late. becomes angry

Words

delicious 아주 맛있는 | **see** 보다 | **lazy** 게으른 | **hard** 단단한 | **ice** 얼음 | **become** ~이 되다
handsome 잘생긴 | **tired** 피곤한 | **angry** 화난 | **late** 늦은

Step 4

다음 우리말과 일치하도록 주어진 단어를 바르게 배열하세요.

1 happy | They | look — 그들은 행복해 보인다.
→ They look happy.

2 feels | This sofa | soft — 이 소파는 푹신하게 느껴진다.
→

3 The flowers | nice | smell — 그 꽃들은 좋은 냄새가 난다.
→

4 becomes | warm | The weather — 날씨가 따뜻해진다.
→

5 healthy | look | The children — 그 아이들은 건강해 보인다.
→

6 are | fashion designers | They — 그들은 패션 디자이너들이다.
→

7 is | a painter | Her father — 그녀의 아버지는 화가다.
→

8 cute | Pandas | are — 판다들은 귀엽다.
→

Words

sofa 소파 | **flower** 꽃 | **warm** 따뜻한 | **healthy** 건강한 | **fashion designer** 패션 디자이너
painter 화가 | **cute** 귀여운

Unit 4 보어: 목적격 보어

아, 맞다! 선생님이 오늘은 목적격 보어에 대해서 공부한다 하셨는데!
아차!
나는 예습을 해서 목적격 보어를 공부해왔지!
쳇, 모범생 티를 너무 팍팍 내는 거 아냐? 그럼 어디 한번 목적격 보어에 대해 말해봐.
좋아! 말 그대로 목적어를 보충 설명하는 말이 바로 목적격 보어야.
영이가 예습을 잘 해왔구나! 그럼 오늘도 힘차게 수업을 시작해 보자꾸나.
감동
감동
보어에는 주격 보어와 목적격 보어가 있다고 했었지? 목적어 뒤에 목적격 보어가 와야만 비로소 의미가 완전해지는 문장들이 있어. 간단한 예를 보면,
We call him Tom.
목적격 보어인 Tom은 목적어인 him을 보충 설명해 주고 있다는 걸 알 수 있단다.
그리고 주격 보어와 마찬가지로 명사와 형용사 모두 목적격 보어 자리에 올 수 있어요.
뭐야~. 목적격 보어도 별 거 아니었네. 그럼 이걸로 나는 영어 문장을 모두 정복했다! 야호!
우하핫!
정말… 못 말린다. 못 말려!!

Key Point

목적격 보어 자리에는 명사와 형용사가 오는데, 어떤 동사인지에 따라 명사가 오기도 하고 형용사가 오기도 해.

문장을 완성해 주는 목적격 보어

주격 보어와 마찬가지로
목적격 보어 자리에도
명사와 형용사가 와!

① **목적격 보어**는 목적어 뒤에서 목적어를 보충 설명해 줘요.

Tom

주어	동사	목적어	목적격 보어	
We	call	him	**Tom.** (명사)	(him = Tom)
우리는	부른다	그를	Tom이라고.	

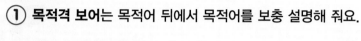

주어	동사	목적어	목적격 보어	
I	keep	my room	**clean.** (형용사)	(my room = clean)
나는	유지한다	내 방을	깨끗하게.	

② 그 밖에 목적격 보어를 가지는 동사들은 **name, make, find** 등이 있어요.

(his son = Ted)
He named his son **Ted.**
그는 그의 아들을 Ted라고 이름 지었다.

(English = easy)
She finds English **easy.**
그녀는 영어가 쉽다고 생각한다.

(me = happy)
Jenny makes me **happy.**
Jenny는 나를 기쁘게 만든다.

☆ 동사 find는 '찾다, 발견하다'라는 뜻도 있지만,
'~라고 여기다, 생각하다'라는 뜻도 있어요.

Practice

Step 1

다음 문장에서 목적격 보어를 찾아 동그라미 하고 빈칸에 쓰세요.

목적격 보어는
목적어 뒤에 있어.
목적어를 먼저 찾고 목적격
보어를 찾으면 쉽겠지?

1	I find the book boring.	boring
2	This coat keeps you warm.	
3	My grandmother named me Sarah.	
4	I find the math exam difficult.	
5	We call her Mrs. White.	
6	Sally named her kitten Mickey.	
7	We keep our classroom clean.	
8	This movie makes us happy.	

Words

find ~라고 여기다 | **boring** 지루한 | **keep** 유지하다 | **name** 이름; 이름을 지어주다 | **exam** 시험
difficult 어려운 | **call** ~라고 부르다 | **kitten** 아기 고양이 | **classroom** 교실 | **clean** 깨끗한

Step 2

다음 문장에서 목적어와 목적격 보어를 찾아 표에 쓰세요.

		목적어	목적격 보어
1	I call him Nick.	him	Nick
2	She named the puppy Max.		
3	Sam keeps his room dirty.		
4	People call me Terry.		
5	We find the movie fun.		
6	The heater keeps us warm.		
7	The news makes me sad.		
8	She finds the blanket cozy.		

Words

call ~라고 부르다 | **puppy** 강아지 | **dirty** 더러운, 지저분한 | **fun** 재미있는 | **heater** 히터, 난방기
news 소식, 뉴스 | **blanket** 담요 | **cozy** 아늑한, 포근한

Practice

Step 3 다음 주어진 단어를 이용하여 문장을 완성하세요.

1. We find ___the book___ ___fun___. **fun** **the book**
우리는 그 책이 재미있다고 생각한다.

2. The baby makes ________ ________. **parents** **happy**
그 아기는 부모님을 기쁘게 만든다.

3. We call ________ ________. **her sister** **Jenny**
우리는 그녀의 언니를 Jenny라고 부른다.

4. She named ________ ________. **Leo** **her cat**
그녀는 그녀의 고양이를 Leo라고 이름 지었다.

5. Brian found ________ ________. **empty** **the box**
Brian은 그 박스가 비어있는 것을 발견했다.

6. The fridge keeps ________ ________. **fresh** **food**
그 냉장고는 음식을 신선하게 유지한다.

7. Summer makes ________ ________. **green** **trees**
여름은 나무를 푸르게 한다.

8. We keep ________ ________. **the park** **clean**
우리는 그 공원을 깨끗하게 유지한다.

Words

fun 재미있는 | **parents** 부모 | **found** find(~라고 여기다)의 과거형 | **empty** 비어 있는 | **fridge** 냉장고
fresh 신선한 | **summer** 여름

Step 4 다음 우리말과 일치하도록 주어진 단어를 바르게 배열하세요.

1 you | warm | The coat | keeps — 그 코트는 너를 따뜻하게 유지한다.
→ The coat keeps you warm.

2 We | him | call | William — 우리는 그를 William이라 부른다.
→

3 People | the flower | Lily | named — 사람들은 그 꽃을 Lily라고 이름 지었다.
→

4 us | makes | happy | The news — 그 소식은 우리를 기쁘게 만든다.
→

5 named | I | my dog | Sparky — 나는 내 개를 Sparky라고 이름 지었다.
→

6 The test | me | nervous | makes — 그 시험은 나를 긴장하게 만든다.
→

7 finds | Cathy | English | fun — Cathy는 영어가 재미있다고 생각한다.
→

8 She | dirty | her room | keeps — 그녀는 그녀의 방을 더럽게 유지한다.
→

Words

coat 코트 | **people** 사람들 | **happy** 행복한, 기쁜 | **test** 시험 | **nervous** 불안해하는
dirty 더러운, 지저분한 | **room** 방

Chapter 3 Test

[1-2] 다음 중 빈칸에 들어갈 수 없는 것을 고르세요.

1 My grandfather likes ____________ very much.

① us ② nice ③ dogs
④ me ⑤ coffee

2 We visited ____________ yesterday.

① the museum ② the park ③ them
④ her ⑤ slowly

[3-4] 다음 중 밑줄 친 부분이 잘못된 것을 고르세요.

3
① We call her Susan.
② She made me happy.
③ He named his dog Lucy.
④ We should keep our park clean.
⑤ They find the cake deliciously.

4
① People call him Tom.
② He made me angrily.
③ We call the dog Sparky.
④ The heater keeps our house warm.
⑤ He named his son Ted.

정답과 해설 p.62

[5-6] 다음 중 빈칸에 들어갈 수 <u>없는</u> 것을 고르세요.

5 Sally is ____________.

① tall ② smart ③ happily

④ a student ⑤ a singer

6 You look ____________ today.

① beautiful ② great ③ good

④ busily ⑤ tired

[7-8] 다음 중 밑줄 친 부분이 <u>잘못된</u> 것을 고르세요.

7
① My uncle studies <u>French</u>.
② I play <u>soccer</u> on Sundays.
③ The boy is eating <u>a candy</u>.
④ Henry can play <u>the violin</u>.
⑤ A squirrel eats <u>delicious</u>.

8
① I have three brothers. I love <u>them</u>.
② Jack is a kind boy. Everyone likes <u>he</u>.
③ Sam is my best friend. He likes <u>me</u>.
④ Jane and I are twins. Our parents love <u>us</u>.
⑤ Susie is my sister. I love <u>her</u> very much.

9 다음 그림을 보고 보기의 단어를 이용하여 문장을 완성하세요.

bought	are	wrote	feels

❶  Alice ____________ a letter.

❷  He ____________ a new car.

❸  They ____________ firefighters.

❹  This sofa ____________ soft.

10 다음 보기의 단어를 알맞은 형태로 바꿔 문장을 완성하세요.

sound	smell	taste	look

❶ The song ____________ beautiful. 그 노래는 아름답게 들린다.

❷ This steak ____________ good. 이 스테이크는 맛이 좋다.

❸ This pasta ____________ delicious. 이 파스타는 맛있는 냄새가 난다.

❹ You ____________ nice in the new hat. 너는 새 모자를 쓰니 멋져 보인다.

11 다음 보기의 단어와 주어진 단어를 함께 써서 문장을 완성하세요.

look	call	found	use

1. They ______________________ well. chopsticks
   그들은 젓가락을 잘 사용한다.

2. We ______________________ empty. the box
   우리는 그 상자가 비어있는 것을 발견했다.

3. You ______________________ in the new dress. pretty
   너는 새 드레스를 입으니 예뻐 보인다.

4. We ______________________ Tom. him
   우리는 그를 Tom이라고 부른다.

12 다음 우리말과 일치하도록 주어진 단어를 알맞게 배열하세요.

1. 날씨가 추워진다. becomes / cold / The weather
   → ______________________________.

2. 그녀는 케이크를 굽는다. She / a cake / bakes
   → ______________________________.

3. 그 시험은 너를 긴장하게 만든다. The test / you / nervous / makes
   → ______________________________.

4. 그는 영어가 재미있다고 생각한다. finds / He / English / fun
   → ______________________________.

tree
elephant

Chapter 4

형용사와 부사

Unit 1 수량 형용사

Unit 2 빈도부사

Unit 3 비교급

Unit 4 최상급

Unit 수량 형용사

내가 아까 Tom한테 I have much girl friends.라고 말했더니 표현이 어색하다고 하는데, 뭐가 어색한 거지?
그래? much는 '많은'이니까 '나는 많은 여자친구들이 있다.'라는 의미로 맞게 쓴 거 같은데?
하핫! many와 much가 '많은'이란 뜻은 맞지만 그 쓰임새는 완전히 다르단다!
쓰임새가 다르다고요?
그래. many는 셀 수 있는 명사의 복수형 앞에서만 쓰고, much는 셀 수 없는 명사 앞에서만 쓰지. 그러니 헷갈리지 않도록 주의해야 해.
떠든사람 이문법!!
girl friends는 셀 수 있는 명사의 복수형이니까 many girl friends라고 써야 하는 거네요!
그렇지! 하핫!
그렇구나. 저도 이제 알겠어요.
끄덕 끄덕
근데 너 정말 여자친구가 많은 거 맞아? I have many girl friends.라고 해도 틀린 거 아냐?
아, 그게…. 미래의 꿈을 쓴 거뿐이라고. 꿈은 클수록 좋다잖아.
에헴

Key Point

이름에서 알 수 있듯이 수량 형용사는 명사의 수나 양이 얼마나 많고 적은지를 나타내는 형용사야. 셀 수 있는 명사인지 셀 수 없는 명사인지에 따라 사용할 수 있는 수량 형용사가 다르니까 주의해서 써야 해.

닮았지만 구별해서 써야 하는 **many**와 **much**

① **many**는 '많은'이란 뜻으로 **셀 수 있는 명사의 복수형 앞**에서만 써야 해요.

I have **many** books.

나는 많은 책들이 있다.

We have **many** friends.

우리는 많은 친구들이 있다.

---

② **much**는 '많은'이란 뜻으로 **셀 수 없는 명사 앞**에서만 써야 해요.

Trees need **much** water.

나무들은 많은 물이 필요하다.

They want **much** money.

그들은 많은 돈을 원한다.

---

③ **a lot of**는 '많은'이란 뜻인데, 셀 수 있는 복수 명사와 셀 수 없는 명사 앞에 **모두** 쓰여요.

ZOO

animals(동물들)는
셀 수 있는 명사의
복수형이라서
many를 쓸 수 있어.

The zoo has **a lot of** animals.

The zoo has **many** animals.

그 동물원에는 많은 동물들이 있다.

그렇다면
sugar(설탕)는
셀 수 없는 명사니까
much를 써야 하네!

She used **a lot of** sugar.

She used **much** sugar.

그녀는 많은 설탕을 사용했다.

Practice

Step 1

다음 문장에서 수량 형용사를 찾아 동그라미 하고 빈칸에 쓰세요.

1	I have many pens.	many
2	A lot of people live in Seoul.	
3	Animals need much rain.	
4	The man has a lot of buildings.	
5	Many children like Christmas.	
6	My mom drinks a lot of coffee.	
7	We see many birds in the park.	
8	We want much snow.	

Words

pen 펜 | **live in** ~에 살다 | **need** 필요하다 | **rain** 비 | **building** 건물 | **Christmas** 크리스마스
drink 마시다 | **bird** 새 | **want** 원하다 | **snow** 눈

Step 2

다음 보기에서 알맞은 말을 골라 문장을 완성하세요.

보기 many much

1 They waste __________ time.

2 Our school has __________ students.

3 She bought __________ bags.

4 I read __________ books.

5 Elephants drink __________ water.

6 The girl ate __________ sugar.

7 __________ people like spring.

8 The country has __________ oil.

Words

waste 낭비하다 | **time** 시간 | **bought** buy(사다)의 과거형 | **read** 읽다 | **elephant** 코끼리
ate eat(먹다)의 과거형 | **spring** 봄 | **country** 국가, 나라 | **oil** 기름, 석유

Practice

Step 3 다음 주어진 단어를 이용하여 문장을 완성하세요.

1. I want ___many___ ___friends___. many friends
2. You have ________ ________. cats a lot of
3. ________ ________ like pizza. children Many
4. Henry wants ________ ________. a lot of candies
5. Trees need ________ ________. rain much
6. My mom made ________ ________. sandwiches many
7. The police saved ________ ________. a lot of people
8. There is ________ ________ in the jar. salt much

Words

children 아이들 | **pizza** 피자 | **candy** 사탕 | **tree** 나무 | **sandwich** 샌드위치 | **police** 경찰
save 구하다 | **people** 사람들 | **salt** 소금 | **in the jar** 유리병 안에

Step 4

다음 우리말과 일치하도록 주어진 단어를 바르게 배열하세요.

1. drinks | The baby | much | milk — 그 아기는 많은 우유를 마신다.
→ The baby drinks much milk.

2. many | She | bought | flowers — 그녀는 많은 꽃들을 샀다.
→

3. have | We | much | homework — 우리는 많은 숙제가 있다.
→

4. bake | I | cookies | a lot of — 나는 많은 쿠키를 굽는다.
→

5. needs | He | much | sugar — 그는 많은 설탕이 필요하다.
→

6. people | A lot of | learn | English — 많은 사람들이 영어를 배운다.
→

7. I | many | need | potatoes — 나는 많은 감자가 필요하다.
→

8. much | The beach | has | sand — 그 해변은 많은 모래가 있다.
→

Words

milk 우유 | **homework** 숙제 | **bake** 굽다 | **sugar** 설탕 | **learn** 배우다 | **need** 필요하다
potato 감자 | **beach** 해변 | **sand** 모래

Unit 2 빈도부사

문법아, 뭐해? 그 반성문은 뭐야?
아까 축구를 하다가 창문을 깨뜨렸는데 내가 안 그랬다고 거짓말을 했거든. 그래서 Michael 선생님께 반성문을 쓰고 있어.
저런 저런! 솔직히 말했다면 좋았을 텐데 거짓말을 했구나.
네, 저도 정말 반성하고 있어요. 그래서 '나는 항상 진실을 말하겠습니다.'라고 쓰고 싶은데 어떻게 써야 할지 모르겠어요.
하하하! 그럴 때는 always(항상)라는 빈도부사를 사용해 보렴.
하하하
빈도부사요?
그래. 빈도부사는 어떤 일을 얼마나 자주 하는지를 나타내는 부사야. always, usually, often, sometimes, never와 같은 부사들이 바로 빈도부사지.
그럼 I will always tell the truth.로 쓰면 되겠네요?
그렇지! 진심을 담아 쓰면 Michael 선생님도 화가 풀리실 거야.
히히. 그럼 청소도 빼주실까요?
반성문을 쓰기도 전에 벌 청소를 빠질 생각부터 하다니. 진심으로 반성하는 거 맞아?
허허~ 여러가지로 대단한 아이로구나!

Key Point

빈도는 '얼마나 자주'를 뜻하는 말이야. 그래서 빈도부사라고 하면 어떤 일이 얼마나 자주 일어나는지 나타내는 부사라고 할 수 있지.

어떤 일을 얼마나 자주 하니?

① 빈도부사에는 **always**(항상), **usually**(보통), **often**(종종, 자주), **sometimes**(가끔), **never**(전혀, 절대 ~않다) 등이 있어요.

I **always** drink milk.
나는 항상 우유를 마신다.

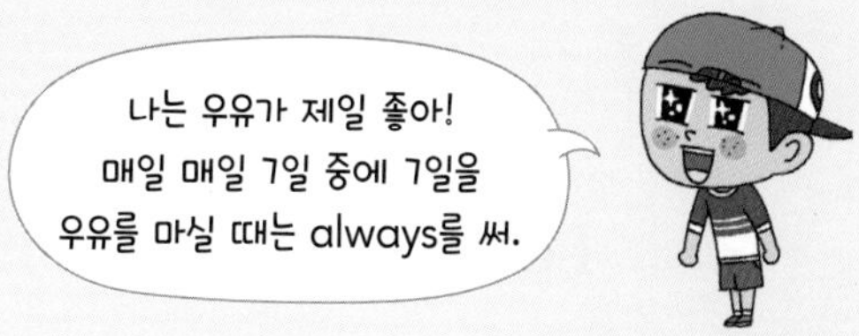

나는 우유가 제일 좋아!
매일 매일 7일 중에 7일을

I **usually** drink milk.
나는 보통 우유를 마신다.

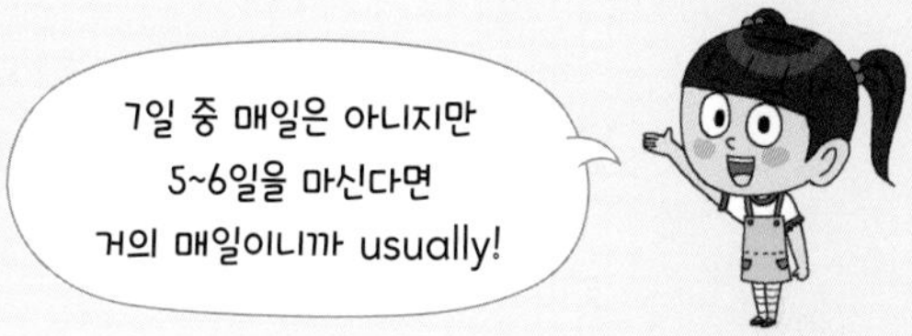

7일 중 매일은 아니지만
5~6일을 마신다면

I **often** drink milk.
나는 자주 우유를 마신다.

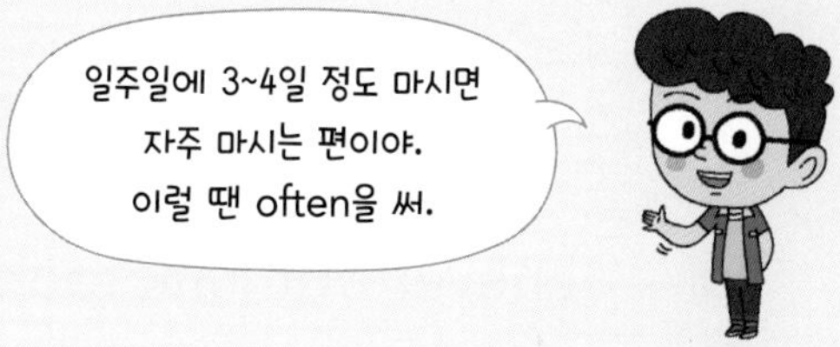

일주일에 3~4일 정도 마시면
자주 마시는 편이야.
이럴 땐 often을 써.

I **sometimes** drink milk.
나는 가끔 우유를 마신다.

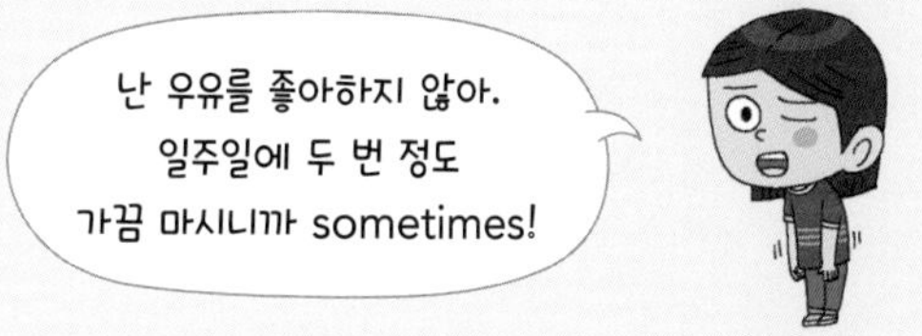

난 우유를 좋아하지 않아.
일주일에 두 번 정도

I **never** drink milk.
나는 절대 우유를 마시지 않는다.

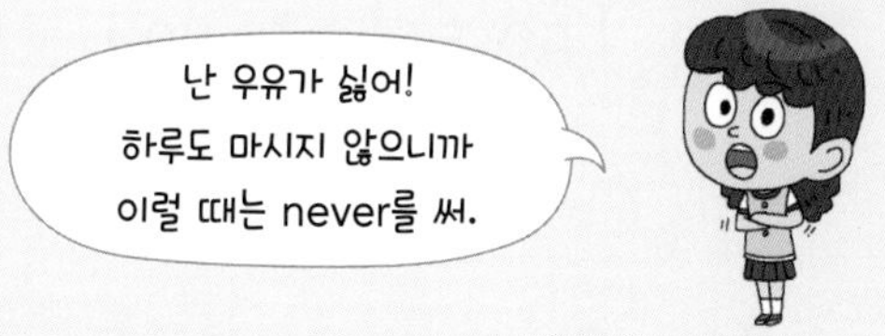

난 우유가 싫어!
하루도 마시지 않으니까
이럴 때는 never를 써.

---

② 빈도부사가 일반동사와 쓰일 때는 일반동사 **앞**에 오고, be동사와 쓰일 때는 be동사 **뒤**에 와요.

- 일반동사 앞 They **often** watch TV. 그들은 자주 TV를 본다.
- be동사 뒤 I am **always** happy. 나는 항상 행복하다.

Practice

Step 1 다음 문장에서 빈도부사를 찾아 동그라미 하고 빈칸에 쓰세요.

1	They are always happy.	always
2	I often play badminton.	
3	We usually study in the library.	
4	We sometimes make mistakes.	
5	I never eat junk food.	
6	Cathy often helps me.	
7	I never lie to you.	
8	She always drinks coffee in the morning.	

Words

play badminton 배드민턴을 치다 | **study** 공부하다 | **library** 도서관 | **make a mistake** 실수를 하다
junk food 인스턴트 음식이나 패스트푸드 같은 불량식품 | **help** 돕다 | **lie** 거짓말하다

Step 2

다음 우리말과 일치하도록 보기의 단어를 이용하여 문장을 완성하세요.

보기

always 항상 | usually 보통 | often 자주
sometimes 가끔 | never 전혀, 절대 ~ 않다

1 Tom ___usually___ goes to bed early.
Tom은 보통 일찍 잠자리에 든다.

2 She is ______________ kind to me.
그녀는 항상 나에게 친절하다.

3 I ______________ play tennis.
나는 자주 테니스를 친다.

4 We ______________ watch TV after dinner.
우리는 가끔 저녁 식사 후에 TV를 본다.

5 He ______________ lies to me.
그는 절대 나에게 거짓말을 하지 않는다.

6 Andy is ______________ late for school.
Andy는 자주 학교에 지각을 한다.

7 I ______________ love you.
나는 항상 너를 사랑한다.

8 You ______________ skip breakfast.
너는 가끔 아침 식사를 거른다.

Words

go to bed 잠자리에 들다 | **play tennis** 테니스를 치다 | **watch TV** TV를 보다 | **late** 늦은, 지각한
skip ~을 거르다

Practice

Step 3 다음 주어진 단어를 이용하여 문장을 완성하세요.

1. I __always__ __wear__ sunglasses. **always** **wear**
2. You ________ ________ to school. **walk** **often**
3. My dad ________ ________ the dishes. **does** **usually**
4. We ________ ________ baseball. **sometimes** **play**
5. It ________ ________ snowy in winter. **often** **is**
6. She ________ ________ fish. **eats** **usually**
7. Lisa ________ ________ polite. **always** **is**
8. He ________ ________ time. **never** **wastes**

Words

wear 입고 있다 | **sunglasses** 선글라스 | **do the dishes** 설거지를 하다 | **baseball** 야구
snowy 눈이 많이 내리는 | **fish** 생선 | **polite** 예의 바른 | **waste time** 시간을 낭비하다

Step 4

다음 밑줄 친 부분을 바르게 고쳐 문장을 다시 쓰세요.

1 My brother never is late. 나의 형은 절대 늦지 않는다.
→ My brother is never late.

2 We go usually to bed early. 우리는 보통 일찍 잠자리에 든다.
→

3 She eats sometimes lunch with Kate. 그녀는 가끔 Kate와 점심을 먹는다.
→

4 Mike always is happy. Mike는 항상 행복하다.
→

5 We clean often the park. 우리는 자주 공원을 청소한다.
→

6 He goes sometimes fishing. 그는 가끔 낚시하러 간다.
→

7 I visit often you. 나는 자주 너를 방문한다.
→

8 Sam reads always books. Sam은 항상 책을 읽는다.
→

Words

late 늦은, 지각한 | **early** 빨리, 일찍 | **lunch** 점심 식사 | **clean** 청소하다 | **fishing** 낚시
visit 방문하다 | **read** 읽다

Unit 3 비교급

Key Point

형용사와 부사는 모습이 변해. 원래의 모습을 '원급'이라 하고, 비교급과 최상급으로 각각 모습이 변하지. 그 중에서 두 개의 대상을 비교하고 싶을 때는 비교급을 써서 말해.

두 개를 비교할 때는 비교급

① 두 대상을 비교할 때 쓰는 **비교급**은 형용사, 부사에 -**er**을 붙여서 만들어요.

대부분의 형용사/부사 → 형용사/부사 + er	tall 키 큰 → **taller** 키가 더 큰 small 작은 → **smaller** 더 작은
e로 끝나는 형용사/부사 → 형용사/부사 + r	wise 현명한 → **wiser** 더 현명한 large 큰 → **larger** 더 큰
〈단모음 + 단자음〉으로 끝나는 형용사/부사 → 자음 한 번 더 + er	hot 뜨거운 → **hotter** 더 뜨거운 big 큰 → **bigger** 더 큰
〈자음 + y〉로 끝나는 형용사/부사 → y를 i로 고치고 + er	heavy 무거운 → **heavier** 더 무거운 early 일찍 → **earlier** 더 일찍
2음절 이상의 형용사/부사 → more + 형용사/부사	beautiful 아름다운 → **more beautiful** 더 아름다운 difficult 어려운 → **more difficult** 더 어려운
주의! 불규칙하게 바뀌는 비교급	good 좋은 → **better** 더 좋은 bad 나쁜 → **worse** 더 나쁜 many/much 많은 → **more** 더 많은

② [비교급 + **than** + 비교 대상]은 '~보다 더 ~한', '~보다 더 ~하게'라는 뜻을 나타내요.

I am **smaller** than you.
나는 너보다 키가 더 작다.

The earth is **bigger** than the moon.
지구는 달보다 더 크다.

The sofa is **more expensive** than the table.
그 소파는 그 탁자보다 더 비싸다.

I get up **earlier** than Mike.
나는 Mike보다 더 일찍 일어난다.

Practice

Step 1

다음 문장에서 비교급을 찾아 동그라미 하고 빈칸에 쓰세요.

1	You are stronger than me.	stronger
2	Susan is taller than her brother.	
3	The diamond is harder than the stone.	
4	The weather is worse than yesterday.	
5	The lion is shorter than the giraffe.	
6	She is more beautiful than her mother.	
7	He eats faster than me.	
8	Math is more difficult than science.	

Words

stronger 힘이 더 센 | **taller** 키가 더 큰 | **diamond** 다이아몬드 | **stone** 돌 | **harder** 더 단단한
worse 더 나쁜 | **shorter** 키가 더 작은 | **more beautiful** 더 아름다운 | **faster** 더 빠른

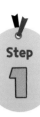

Step 2

다음 괄호 안에서 알맞은 것을 고르세요.

1 Chris is (old / older) than Nancy.
Chris는 Nancy보다 나이가 더 많다.

2 The cap is (cheap / cheaper) than the bag.
그 모자는 그 가방보다 가격이 더 싸다.

3 Today is (warmer / warm) than yesterday.
오늘은 어제보다 더 따뜻하다.

4 An elephant is (heavier / heavy) than a mouse.
코끼리는 쥐보다 더 무겁다.

5 He is (famous / more famous) than her.
그는 그녀보다 더 유명하다.

6 Seoul is (bigger / big) than Busan.
서울은 부산보다 더 크다.

7 His brother is (smart / smarter) than him.
그의 형은 그보다 더 똑똑하다.

8 Mary runs (fast / faster) than Tom.
Mary는 Tom보다 더 빨리 달린다.

Words

old 나이 많은 | **cheap** 값이 싼 | **warm** 따뜻한 | **heavy** 무거운 | **mouse** 쥐 | **famous** 유명한
big 큰 | **smart** 똑똑한 | **fast** 빠른

Practice

Step 3 다음 주어진 단어를 알맞은 비교급으로 바꿔 문장을 완성하세요.

1 I have ___more___ pens than you. **many**

2 She is ________________ than you. **young**

3 English is ________________ than math. **easy**

4 My cat is ________________ than his dog. **big**

5 My home is ________________ than here. **good**

6 Health is ________________ than money. **important**

7 Susan is ________________ than her friends. **tall**

8 My father is ________________ than me. **wise**

Words

young 어린 | **easy** 쉬운 | **here** 여기(에) | **health** 건강 | **important** 중요한 | **money** 돈
tall 키가 큰 | **wise** 현명한

Step 4

다음 밑줄 친 부분을 바르게 고쳐 문장을 다시 쓰세요.

1 This week is <u>cold</u> than last week. 이번 주는 지난주보다 더 춥다.

→ This week is colder than last week.

2 We are <u>happy</u> than rich people. 우리는 부유한 사람들보다 더 행복하다.

→

3 I ate <u>much</u> bread than Susie. 나는 Susie보다 빵을 더 많이 먹었다.

→

4 This bag is <u>expensiver</u> than that bag. 이 가방은 저 가방보다 더 비싸다.

→

5 The sea is <u>large</u> than the pond. 바다는 연못보다 더 크다.

→

6 Your camera is <u>good</u> than my camera. 너의 카메라는 내 카메라보다 더 좋다.

→

7 History is <u>easyer</u> than math. 역사는 수학보다 더 쉽다.

→

8 I go to bed <u>earlyer</u> than you. 나는 너보다 더 일찍 잠자리에 든다.

→

Words

cold 추운 | **rich** 부유한 | **bread** 빵 | **pond** 연못 | **camera** 카메라 | **history** 역사 | **math** 수학
go to bed 잠자리에 들다

Unit 최상급

Key Point 최상급은 셋 이상의 대상을 비교할 때 사용하는데 보통 앞에 the를 붙여서 말해.

최고임을 나타내는 최상급

① 세 개 이상의 대상을 비교할 때 쓰는 **최상급**은 형용사, 부사에 -**est**를 붙여서 만들어요.

대부분의 형용사/부사 → 형용사/부사 + est	tall 키 큰 → **tallest** 가장 키가 큰 small 작은 → **smallest** 가장 작은
e로 끝나는 형용사/부사 → 형용사/부사 + st	wise 현명한 → **wisest** 가장 현명한 large 큰 → **largest** 가장 큰
〈단모음 + 단자음〉으로 끝나는 형용사/부사 → 자음 한 번 더 + est	hot 뜨거운 → **hottest** 가장 뜨거운 big 큰 → **biggest** 가장 큰
〈자음 + y〉로 끝나는 형용사/부사 → y를 i로 고치고 + est	heavy 무거운 → **heaviest** 가장 무거운 early 일찍 → **earliest** 가장 일찍
2음절 이상의 형용사/부사 → most + 형용사/부사	beautiful 아름다운 → **most** beautiful 가장 아름다운 difficult 어려운 → **most** difficult 가장 어려운
주의! 불규칙하게 바뀌는 최상급	good 좋은 → **best** 가장 좋은 bad 나쁜 → **worst** 가장 나쁜 many/much 많은 → **most** 가장 많은

② 최상급 앞에는 **the**를 붙여서 '가장 ~한', '가장 ~하게'라는 뜻으로 사용해요.

He is the **tallest** boy in my class.

그는 내 반에서 가장 키가 큰 소년이다.

My grandpa is the **wisest** man in my family.

나의 할아버지는 우리 가족 중에서 가장 현명하신 분이시다.

She is the **most famous** singer in Korea.

그녀는 한국에서 가장 유명한 가수다.

Tom is the **best** player in the team.

Tom은 그 팀에서 최고의 선수다.

Practice

Step 1 다음 문장에서 최상급을 찾아 동그라미 하고 빈칸에 쓰세요.

1	The giraffe is the (tallest) animal in the zoo.	tallest
2	This is the most famous show on TV.	
3	Yesterday was the hottest day this year.	
4	John is the best player in his team.	
5	Mrs. Brown has the most cats in town.	
6	Seoul is the biggest city in Korea.	
7	She is the most beautiful woman for me.	
8	English is the easiest subject for me.	

Words

giraffe 기린 | **zoo** 동물원 | **show** TV 프로그램 | **yesterday** 어제 | **year** 해, 년 | **player** 선수
team 팀 | **town** 소도시 | **woman** (성인)여자 | **subject** 과목

Step 2

다음 괄호 안에서 알맞은 것을 고르세요.

1 This is the (older / oldest) building in Seoul.
이것은 서울에서 가장 오래된 건물이다.

2 Mary is the (younger / youngest) in her family.
Mary는 그녀의 가족 중에서 가장 어리다.

3 The Nile is the (longer / longest) river in the world.
나일강은 세계에서 가장 긴 강이다.

4 Today is the (coldest / colder) day this year.
오늘은 올해 들어 가장 추운 날이다.

5 Mike is the (smarter / smartest) boy in school.
Mike는 학교에서 가장 똑똑한 소년이다.

6 A cheetah is the (fastest / faster) animal in the world.
치타는 세계에서 가장 빠른 동물이다.

7 This is the (more popular / most popular) restaurant in Paris.
이곳은 파리에서 가장 인기 있는 식당이다.

8 Summer is the (hottest / hotter) season.
여름은 가장 더운 계절이다.

Words

building 건물 | **family** 가족 | **river** 강 | **world** 세계, 세상 | **today** 오늘 | **cheetah** 치타
popular 인기 있는 | **restaurant** 레스토랑, 식당 | **season** 계절

Practice

Step 3 다음 주어진 단어를 알맞은 최상급으로 바꿔 문장을 완성하세요.

1. Russia is the ___largest___ country in the world. **large**
2. This shirt is the ________________ in the shop. **expensive**
3. He is the ________________ teacher for me. **good**
4. She is the ________________ singer in Korea. **famous**
5. I'm the ________________ person in the world. **happy**
6. The bookstore has the ________________ books in Busan. **many**
7. My dad has the ________________ feet in my family. **big**
8. Math is the ________________ subject for me. **difficult**

Words

large (규모가) 큰 | **country** 국가, 나라 | **shirt** 셔츠 | **shop** 가게 | **famous** 유명한 | **person** 사람
bookstore 서점 | **feet** 발 | **difficult** 어려운 | **subject** 과목

Step 4

다음 우리말과 일치하도록 밑줄 친 부분을 바르게 고쳐 문장을 다시 쓰세요.

1 She is the populares girl in my class. 그녀는 내 반에서 가장 인기 있는 소녀다.
→ She is the most popular girl in my class.

2 Science is the more difficult subject for me. 과학은 나에게 가장 어려운 과목이다.
→

3 This is oldest city in Europe. 이곳은 유럽에서 가장 오래된 도시이다.
→

4 It is the beautifulest in the museum. 그것은 박물관에서 가장 아름답다.
→

5 She is the better pianist in Asia. 그녀는 아시아에서 최고의 피아니스트다.
→

6 Ben is the stronger in his school. Ben은 그의 학교에서 가장 힘이 세다.
→

7 It is the most large animal in the world. 그것은 세계에서 가장 큰 동물이다.
→

8 This is the earlyest train to Busan. 이것은 부산으로 가장 일찍 출발하는 기차다.
→

Words

class 반, 교실 | **science** 과학 | **city** 도시 | **museum** 박물관 | **pianist** 피아니스트 | **animal** 동물
in the world 세계에서 | **train** 기차

Chapter 4 Test

[1-3] 다음 중 빈칸에 들어갈 수 <u>없는</u> 것을 고르세요.

1 They want much ______________.

① money ② water ③ snow
④ sugar ⑤ books

2 She has many ______________.

① friends ② pencils ③ cats
④ coffee ⑤ cups

3 We see ______________ birds in the park.

① many ② a lot of ③ two
④ much ⑤ three

4 다음 중 비교급의 형태가 올바르지 <u>않은</u> 것을 고르세요.

① big – bigger ② large – larger
③ heavy – heavyer ④ small – smaller
⑤ strong – stronger

5 다음 중 최상급의 형태가 올바르지 않은 것을 고르세요.

① good – best
② many – most
③ wise – wisest
④ bad – baddest
⑤ fast – fastest

[6-7] 다음 중 빈칸에 들어갈 알맞은 것을 고르세요.

6 She is ___________ than you.

① young
② younger
③ youngest
④ more young
⑤ most young

7 Health is ___________ than money.

① important
② importanter
③ importantest
④ more important
⑤ most important

8 다음 중 밑줄 친 부분이 잘못된 것을 고르세요.

① Yesterday was the hottest day this year.
② She is the most famous singer in Korea.
③ His painting is the beautifulest in the museum.
④ This is the earliest train to Busan.
⑤ John got the best score in his class.

9 다음 중 빈칸에 들어갈 말이 바르게 짝지어진 것을 고르세요.

- John is ____________ smartest student in school.
- Math is ____________ difficult than science for me.

① the – much
② the – more
③ most – much
④ most – more
⑤ much – more

10 다음 주어진 단어를 이용하여 문장을 완성하세요.

①

The sofa is ____________________
than the table. **expensive**

②

Mary runs ____________________
than Tom. **fast**

③
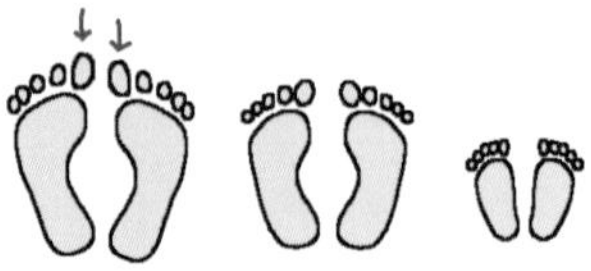

My dad has the ________________
feet in my family. **big**

④

Sam is the ____________________
student in my class. **tall**

11 다음 주어진 단어를 알맞은 곳에 넣어 문장을 다시 쓰세요.

① I have dinner with Kelly. sometimes

→ ______________________________.

② She is kind to me. always

→ ______________________________.

③ Jenny is late for work. never

→ ______________________________.

④ I play soccer with my dad. often

→ ______________________________.

12 다음 우리말과 일치하도록 주어진 단어를 알맞게 배열하세요.

① 많은 사람들이 프랑스어를 배운다. people / A lot of / learn / French

→ ______________________________.

② 그녀는 보통 나와 점심을 먹는다. eats / usually / She / lunch / with me

→ ______________________________.

③ 나는 너보다 더 많은 펜을 가지고 있다. than / I / more / have / pens / you

→ ______________________________.

④ 영어는 나에게 가장 쉬운 과목이다. for me / English / is / the / subject / easiest

→ ______________________________.

memo

memo

memo

초등 영문법

진짜진짜 쓰기 문법

JUMP 1

Workbook

siso Study

초등 영문법

진짜진짜

쓰기 문법

JUMP 1

Workbook

Siso Study

1 다음 단어에 알맞은 품사를 찾으세요.

		명사	대명사	동사	형용사
1	eat 먹다	☐	☐	☑	☐
2	puppy 강아지	☐	☐	☐	☐
3	she 그녀는	☐	☐	☐	☐
4	big 큰	☐	☐	☐	☐
5	you 너는	☐	☐	☐	☐
6	sing 노래하다	☐	☐	☐	☐
7	book 책	☐	☐	☐	☐
8	father 아버지	☐	☐	☐	☐
9	short 짧은	☐	☐	☐	☐
10	they 그들은	☐	☐	☐	☐

2 다음 단어에 알맞은 품사를 찾으세요.

	단어	부사	전치사	접속사	감탄사
1	fast 빠르게	☑	☐	☐	☐
2	wow 와우	☐	☐	☐	☐
3	at ~에	☐	☐	☐	☐
4	and 그리고	☐	☐	☐	☐
5	under ~ 아래에	☐	☐	☐	☐
6	very 매우	☐	☐	☐	☐
7	oh 오	☐	☐	☐	☐
8	but 그러나	☐	☐	☐	☐
9	always 항상	☐	☐	☐	☐
10	on ~ 위에	☐	☐	☐	☐

1 다음 명사 앞에 a나 an을 쓰고 빈칸에 단어를 쓰세요. (a나 an을 쓸 수 없으면 X표 하세요.)

1	an idea	→	an idea
2	______ water	→	
3	______ singer	→	
4	______ Canada	→	
5	______ elephant	→	
6	______ love	→	
7	______ pen	→	
8	______ island	→	
9	______ necklace	→	
10	______ doll	→	

2 다음 명사의 복수형을 쓰세요.

명사	복수형	명사	복수형
chair	chairs	piano	
dish		child	
sheep		apple	
fox		knife	
woman		tomato	
baby		doll	
leaf		deer	
pencil		watch	
tooth		man	
bag		car	

1 다음 밑줄 친 부분과 바꿔 쓸 수 있는 인칭대명사를 쓰세요.

1	Chris likes me.	→	He
2	Sally is smart.	→	
3	This is Amy's phone.	→	
4	The boys are in the classroom.	→	
5	The cat is cute.	→	
6	We love Jason very much.	→	
7	Kevin and I are friends.	→	
8	The hat is red.	→	
9	Look at the girls!	→	
10	Jim washes Jim's hands.	→	

2 다음 우리말과 일치하도록 빈칸에 알맞은 말을 쓰세요.

1 I'm happy to see ___you___ . 나는 너를 만나서 반갑다.

2 ________ is windy. 바람이 분다.

3 Please visit ________ again. 우리를 다시 방문해 주세요.

4 This is ________ phone. 이것은 너의 휴대폰이다.

5 Let's go see ________. 그들을 보러 가자.

6 He likes ________ teacher. 그는 그의 선생님을 좋아한다.

7 ________ favorite food is spaghetti. 그녀가 가장 좋아하는 음식은 스파게티다.

8 I live with ________ grandparents. 나는 나의 조부모님과 함께 산다.

9 ________ likes English. 그녀는 영어를 좋아한다.

10 ________ miss you. 우리는 네가 보고 싶다.

1 다음 괄호 안에서 알맞은 것을 고르세요.

1 We (am / are / is) in the playground.

2 I (am / are / is) tired.

3 Mark (am / are / is) an artist.

4 They (am / are / is) my parents.

5 We (am / are / is) in the park.

6 He (am / are / is) a basketball player.

7 I (am / are / is) a student.

8 You (am / are / is) my classmate.

9 She (am / are / is) in the kitchen.

10 It (am / are / is) his pencil.

2 다음 우리말과 일치하도록 보기의 단어를 알맞은 형태로 고쳐 쓰세요.

보기

cry	read	swim	teach
study	fly	go	love

1 He ___swims___ every day. 그는 매일 수영한다.

2 The birds __________ in the sky. 그 새들은 하늘을 난다.

3 We __________ our parents. 우리는 우리의 부모님을 사랑한다.

4 Tom __________ fishing with his dad. Tom은 그의 아빠와 낚시하러 간다.

5 My grandma __________ the newspaper. 나의 할머니는 신문을 읽으신다.

6 Jane __________ math very hard. Jane은 수학을 아주 열심히 공부한다.

7 He __________ history to us. 그는 우리에게 역사를 가르친다.

8 The baby __________ at night. 그 아기는 밤에 운다.

1 다음 문장에서 셀 수 없는 명사를 찾아 동그라미 하고 빈칸에 쓰세요.

1	John is eating an apple.	→	John
2	We want happiness.	→	
3	She lives in London.	→	
4	I like music.	→	
5	The wind blows softly.	→	
6	He drinks coffee.	→	
7	We study English.	→	
8	China is a large country.	→	
9	He has some money.	→	
10	I want some water.	→	

2 다음 괄호 안에서 알맞은 것을 고르세요.

1 (They / Them) do their homework together.

2 It is (me / my) new umbrella.

3 We miss (you / your).

4 This is her hat. (It / Its) color is red.

5 The boys are (her / she) friends.

6 He gives the box to (us / our).

7 This is (him / his) hat.

8 (She / Her) family is in Paris.

9 I love (my / me) school.

10 Let's go see (them / their).

3 다음 주어진 단어를 알맞은 형태로 고쳐 문장을 완성하세요.

1. He washes ___his___ hands. he
2. I love ________ family. I
3. Look at ________. he
4. She is waiting for ________. we
5. Let's go see ________. they
6. This is ________ phone. you
7. ________ students are in the playground. she
8. It is ________ umbrella. I
9. We write ________ names. we
10. She loves ________ very much. he

4 다음 밑줄 친 부분을 바르게 고쳐 쓰세요.

1	My dad do the dishes.	→	does
2	He am in the park.	→	
3	I are so happy.	→	
4	She like spicy food.	→	
5	We goes to school.	→	
6	He have many pens.	→	
7	Jake swim well.	→	
8	Nick trys to be kind.	→	
9	You and Jane is artists.	→	
10	They sings a song.	→	

1 다음 문장에서 형용사를 찾아 동그라미 하고 빈칸에 쓰세요.

1	I am hungry.	→	hungry
2	This is a white shirt.	→	
3	He is a popular singer.	→	
4	Tom is tall.	→	
5	You look beautiful.	→	
6	Mom makes delicious food.	→	
7	Sally is tired.	→	
8	It is a big animal.	→	
9	I have many books.	→	
10	It is a cute puppy.	→	

2 다음 우리말과 일치하도록 보기의 단어를 이용하여 문장을 완성하세요.

보기

famous	soft	red	smart
happy	cute	kind	big

1 I have a ___cute___ sister. 나는 귀여운 여동생이 있다.

2 They are ________ students. 그들은 똑똑한 학생들이다.

3 The girl is ________. 그 소녀는 행복하다.

4 He is a ________ actor. 그는 유명한 배우다.

5 We live in a ________ house. 우리는 큰 집에 살고 있다.

6 This sweater feels ________. 이 스웨터는 부드럽게 느껴진다.

7 I need a ________ cap. 나는 빨간 모자가 필요하다.

8 Sally is a ________ friend. Sally는 친절한 친구다.

1 다음 문장에서 부사를 찾아 동그라미 하고 빈칸에 쓰세요.

1	Mike studies hard.	→	hard
2	She runs well.	→	
3	I get up early.	→	
4	The girls talk quietly.	→	
5	My dad drives carefully.	→	
6	Luckily, I got the last ticket.	→	
7	He is really busy.	→	
8	She swims fast.	→	
9	Your idea is very good!	→	
10	We sing happily.	→	

2 다음 괄호 안에서 알맞은 것을 고르세요.

1 The car moves (slow / slowly).

2 Tony gets up (late / lately) in the morning.

3 She is dancing (beautiful / beautifully).

4 The bird flies (high / highly) in the sky.

5 (Happy / Happily), I see you again!

6 They are (real / really) busy.

7 I can run very (fast / fastly).

8 He solves the problem (easy / easily).

9 We study English (hard / hardly).

10 The babies cry (sad / sadly).

1 다음 괄호 안에서 알맞은 것을 고르세요.

1 The bookstore closes (at / on / in) 6 p.m.

2 We go skiing (at / on / in) winter.

3 I want a party (at / on / in) my birthday.

4 We go to school (at / on / in) the morning.

5 Kevin has lunch (at / on / in) noon.

6 He has a piano lesson (at / on / in) Mondays.

7 Let's meet (at / on / in) 5 o'clock.

8 Valentine's Day is (at / on / in) February.

9 It is hot (at / on / in) summer.

10 They play baseball (at / on / in) Sundays.

2 다음 우리말과 일치하도록 괄호 안에서 알맞은 것을 고르세요.

1 The school is (under / in front of) my house.
그 학교는 내 집 앞에 있다.

2 A key is (on / behind) the table.
열쇠가 식탁 위에 있다.

3 We live (in / behind) Spain.
우리는 스페인에 산다.

4 A dog is (on / under) the tree.
개가 나무 아래에 있다.

5 Jane is (behind / on) Susan.
Jane은 Susan 뒤에 있다.

6 The books are (in / under) my bag.
그 책들은 내 가방 안에 있다.

7 She is sleeping (in front of / on) the sofa.
그녀는 소파 위에서 자고 있다.

8 My cat is (under / in) the table.
내 고양이는 식탁 아래에 있다.

9 He is hiding (behind / in) the door.
그는 문 뒤에 숨어 있다.

10 They live (in / on) Seoul.
그들은 서울에 산다.

1 다음 문장에서 접속사를 찾아 동그라미 하고 빈칸에 쓰세요.

1	Do you like summer or winter?	→	or
2	I have an apple and an orange.	→	
3	When it snows, we go skiing.	→	
4	He is short, but she is tall.	→	
5	I'm busy so I can't go out.	→	
6	Do you want coffee or tea?	→	
7	I like Jenny because she is kind.	→	
8	He can swim, but I can't.	→	
9	Matt and I are friends.	→	
10	When I have lunch, I drink tea.	→	

2 다음 우리말과 일치하도록 보기의 단어를 이용하여 문장을 완성하세요.

보기 and but or so because when

1 ___When___ I read books, I listen to music.
나는 책을 읽을 때 음악을 듣는다.

2 We are poor ________ happy.
우리는 가난하지만 행복하다.

3 She is shy ________ she doesn't talk much.
그녀는 수줍음이 많아서 말을 많이 하지 않는다.

4 I study science hard ________ I like it.
나는 과학을 좋아하기 때문에 열심히 공부한다.

5 She likes milk ________ juice.
그녀는 우유와 주스를 좋아한다.

6 We take a bus ________ ride a bike.
우리는 버스를 타거나 자전거를 탄다.

7 ________ I eat chocolate, I'm happy.
나는 초콜릿을 먹을 때 행복하다.

8 We can't go out ________ it's raining.
비가 오기 때문에 우리는 밖에 나갈 수가 없다.

1 다음 문장에서 형용사를 찾아 동그라미 하고 빈칸에 쓰세요.

1	Susan is a (clever) student.	→	clever
2	The library has many books.	→	
3	This is an expensive car.	→	
4	Cindy is thirsty.	→	
5	We have a black cat.	→	
6	He is a famous actor.	→	
7	The spaghetti smells delicious.	→	
8	He looks happy.	→	
9	I have a new phone.	→	
10	She wants long hair.	→	

2 다음 괄호 안에서 알맞은 것을 고르세요.

1 Mr. Smith is a (very / well) kind teacher.

2 My dad drives (careful / carefully).

3 She runs (fast / fastly).

4 I sleep (late / lately) at night.

5 He talks (slow / slowly).

6 Kelly sings (well / very).

7 The airplane flies (high / highly) in the sky.

8 (Lucky / Luckily), my cat came back.

9 The children sing (happy / happily).

10 Jim talks (quiet / quietly).

3 다음 우리말과 일치하도록 보기의 단어를 이용하여 문장을 완성하세요.

보기				
	in	on	under	in front of
	by	to	for	behind

1 This book is ____for____ you.
이 책은 너를 위한 것이다.

2 He is hiding ____________ the door.
그는 문 뒤에 숨어 있다.

3 We give a gift ____________ James.
우리는 James에게 선물을 준다.

4 A clock is ____________ the piano.
시계가 피아노 위에 있다.

5 He goes to school ____________ bus.
그는 버스를 타고 학교에 간다.

6 The library is ____________ my school.
그 도서관은 내 학교 앞에 있다.

7 Some books are ____________ my bag.
책 몇 권이 내 가방 안에 있다.

8 A dog is ____________ the tree.
개가 나무 아래에 있다.

4 다음 우리말과 일치하도록 밑줄 친 부분을 바르게 고쳐 쓰세요.

1	I like summer, when I don't like winter. 나는 여름은 좋아하지만, 겨울은 좋아하지 않는다.	but
2	Is he a scientist and a doctor? 그는 과학자니 아니면 의사니?	
3	Because I was young, I was tall. 나는 어렸을 때 키가 컸다.	
4	They are tired so hungry. 그들은 피곤하고 배고프다.	
5	I'm busy or I can't go out. 나는 바쁘기 때문에 밖에 나갈 수가 없다.	
6	We like her when she is kind. 그녀는 친절하기 때문에 우리는 그녀를 좋아한다.	
7	I have one dog but two cats. 나는 개 한 마리와 고양이 두 마리가 있다.	
8	The house is old so expensive. 그 집은 낡았지만 비싸다.	
9	He can swim, and I can't. 그는 수영할 수 있지만, 나는 할 수 없다.	
10	I study science hard when I like it. 나는 과학을 좋아하기 때문에 열심히 공부한다.	

1 다음 문장에서 주어에는 동그라미 하고 동사에는 세모를 하세요.

1 My brothers are firefighters.

2 Cathy looks pretty.

3 It is my little doll.

4 Michael and I go to the park.

5 I like her new bicycle.

6 He swims very well.

7 Koalas live in Australia.

8 They are my friends.

9 Jenny and Sarah bake cookies.

10 I play the cello.

2 다음 문장에서 주어와 동사를 찾아 표에 쓰세요.

		주어	동사
1	Mark has many books.	Mark	has
2	We walk to school.		
3	Children go to the zoo.		
4	They watch TV together.		
5	It is Jenny's garden.		
6	She knows Nick.		
7	I exercise after dinner.		
8	The ruler is on the desk.		
9	Elephants are big animals.		
10	He likes apples.		

1 다음 문장에서 목적어를 찾아 동그라미 하고 빈칸에 쓰세요.

1	She wears glasses.	→ glasses
2	I like basketball.	→
3	Tom wants a bike.	→
4	A squirrel eats acorns.	→
5	The boy is eating a candy.	→
6	He plays the violin.	→
7	My parents love me.	→
8	We play soccer on Sundays.	→
9	Tony wrote a novel.	→
10	They study English.	→

2 다음 빈칸에 들어갈 알맞은 말을 연결하고 문장을 다시 쓰세요.

1 She has ______ • — • French.
그녀는 앵무새 세 마리가 있다.

2 My dad loves ______ • — • three parrots.
나의 아빠는 나의 엄마를 사랑하신다.

3 He teaches ______ • — • my mom.
그는 프랑스어를 가르친다.

4 I ride ______ • — • a bicycle.
나는 자전거를 탄다.

❶ She has three parrots.

❷ ______

❸ ______

❹ ______

1 다음 문장에서 주격 보어를 찾아 동그라미 하고 빈칸에 쓰세요.

1	This sofa feels soft.	→	soft
2	We are students.	→	
3	The flowers smell nice.	→	
4	He is a painter.	→	
5	You look pretty in the new coat.	→	
6	The cookies taste good.	→	
7	Bob is lazy.	→	
8	He becomes nervous before tests.	→	
9	The air feels cool.	→	
10	They look happy.	→	

2 다음 빈칸에 들어갈 알맞은 말을 연결하고 문장을 다시 쓰세요.

1	Pandas are ______ 판다들은 귀엽다.	tired.
2	You look ______ 너는 피곤해 보인다.	smells nice.
3	This shampoo ______ 이 샴푸는 좋은 냄새가 난다.	cute.
4	This bed ______ 이 침대는 딱딱하게 느껴진다.	feels hard.

❶ Pandas are cute.

❷ ______

❸ ______

❹ ______

1 다음 문장에서 목적어에는 동그라미 하고 목적격 보어에는 네모를 하세요.

1 She finds English easy.

2 People call me Terry.

3 The heater keeps us warm.

4 We named the puppy Max.

5 He found the box empty.

6 The baby makes parents happy.

7 We keep the park clean.

8 I call him Nick.

9 The news made me sad.

10 I found the book boring.

2 다음 주어진 단어를 이용하여 문장을 완성하세요.

1 I named ___my dog___ ___Sparky___. Sparky / my dog
나는 내 개를 Sparky라고 이름 지었다.

2 The test makes ________ ________. me / nervous
그 시험은 나를 긴장하게 만든다.

3 We keep ________ ________. clean / the park
우리는 그 공원을 깨끗하게 유지한다.

4 Cathy finds ________ ________. fun / English
Cathy는 영어가 재미있다고 생각한다.

5 Summer makes ________ ________. green / trees
여름은 나무들을 푸르게 만든다.

6 We call ________ ________. her / Jenny
우리는 그녀를 Jenny라고 부른다.

7 He keeps ________ ________. dirty / his room
그는 그의 방을 더럽게 유지한다.

8 This movie makes ________ ________. us / happy
이 영화는 우리를 기쁘게 만든다.

1 주어진 역할을 하는 단어를 찾아 동그라미 하세요.

1	보어	They are firefighters.
2	주어	She is smart.
3	목적어	Sally wants a white hat.
4	동사	We like English.
5	주어	Jenny and Sarah are friends.
6	보어	I call him Nick.
7	목적어	Tom wants a bike.
8	보어	He looks handsome.
9	동사	Julie learns Japanese.
10	주어	They are great musicians.

2 다음 밑줄 친 부분의 역할을 보기에서 고르세요.

보기	주어	동사	보어	목적어

1	They watch TV together.	동사
2	We keep the park clean.	
3	Koalas live in Australia.	
4	The boy is eating a candy.	
5	They look happy.	
6	Michael and I go to the park.	
7	The ruler is on the desk.	
8	I like basketball.	

3 다음 주어진 단어를 이용하여 문장을 완성하세요.

1 You ___look___ ___tired___. **tired** **look**
너는 피곤해 보인다.

2 ________ ________ a famous singer. **He** **is**
그는 유명한 가수다.

3 She finds ________ ________. **easy** **English**
그녀는 영어가 쉽다고 생각한다.

4 Bob ________ ________. **is** **lazy**
Bob은 게으르다.

5 We keep ________ ________. **clean** **the park**
우리는 그 공원을 깨끗하게 유지한다.

6 ________ ________ very well. **swims** **He**
그는 수영을 매우 잘한다.

7 This bed ________ ________. **hard** **feels**
이 침대는 딱딱하게 느껴진다.

8 Tom ________ ________. **a bike** **wants**
Tom은 자전거를 원한다.

4 다음 우리말과 일치하도록 주어진 단어를 바르게 배열하세요.

1. like | We | English — 우리는 영어를 좋아한다.
→ We like English.

2. teaches | He | French — 그는 프랑스어를 가르친다.
→

3. nice | The flowers | smell — 그 꽃들은 좋은 냄새가 난다.
→

4. He | dirty | his room | keeps — 그는 그의 방을 더럽게 유지한다.
→

5. the cello | I | play — 나는 첼로를 연주한다.
→

6. named | Sparky | I | my dog — 나는 내 개를 Sparky라고 이름 지었다.
→

7. The cookies | good | taste — 그 쿠키들은 맛이 좋다.
→

8. me | My parents | love — 나의 부모님은 나를 사랑하신다.
→

1 다음 문장에서 수량 형용사를 찾아 동그라미 하고 빈칸에 쓰세요.

1	We want much snow.	→	much
2	A lot of people learn English.	→	
3	I need many potatoes.	→	
4	I bake a lot of cookies.	→	
5	Our school has many students.	→	
6	They waste much time.	→	
7	Many children like Christmas.	→	
8	The man has a lot of buildings.	→	
9	We have much homework.	→	
10	She drinks a lot of coffee.	→	

2 다음 괄호 안에서 알맞은 것을 고르세요.

1 She bought (many / much) flowers.

2 The country has (many / much) oil.

3 (Many / Much) people like spring.

4 They want (many / much) money.

5 The zoo has (many / much) animals.

6 We see (many / much) birds in the park.

7 Trees need (many / much) rain.

8 He needs (many / much) sugar.

9 I want (many / much) friends.

10 The beach has (many / much) sand.

1 다음 문장에서 빈도부사를 찾아 동그라미 하고 빈칸에 쓰세요.

1	We sometimes play baseball.	→	sometimes
2	I never eat junk food.	→	
3	Andy is often late for school.	→	
4	She is always kind to me.	→	
5	We usually go to bed early.	→	
6	Cathy often helps me.	→	
7	He never lies to me.	→	
8	You sometimes skip breakfast.	→	
9	My dad usually does the dishes.	→	
10	I always wear sunglasses.	→	

2 다음 우리말과 일치하도록 괄호 안에서 알맞은 것을 고르세요.

1 I (often / always) play tennis. 나는 자주 테니스를 친다.

2 He (usually / sometimes) goes fishing. 그는 가끔 낚시하러 간다.

3 Mike is (always / never) happy. Mike는 항상 행복하다.

4 We (usually / often) study in the library. 우리는 보통 도서관에서 공부한다.

5 My brother is (sometimes / never) late. 내 형은 절대 늦지 않는다.

6 Sam (never / always) reads books. Sam은 항상 책을 읽는다.

7 He (usually / never) goes to bed early. 그는 보통 일찍 잠자리에 든다.

8 You (sometimes / often) walk to school. 너는 자주 걸어서 학교에 간다.

9 I (never / usually) drink milk. 나는 절대 우유를 마시지 않는다.

10 We (sometimes / always) play baseball. 우리는 가끔 야구를 한다.

1 다음 괄호 안에서 알맞은 것을 고르세요.

1 Susan is (taller / tall) than her brother.

2 An elephant is (heavy / heavier) than a mouse.

3 I have (many / more) pens than you.

4 Chris is (older / old) than Nancy.

5 The weather is (bad / worse) than yesterday.

6 The earth is (bigger / big) than the moon.

7 Mary runs (fast / faster) than Tom.

8 English is (easier / easy) than math.

9 My home is (good / better) than here.

10 She is (more beautiful / beautiful) than her mom.

2 다음 주어진 단어를 알맞은 비교급으로 고쳐 문장을 완성하세요.

1 My cat is ___bigger___ than his dog. big

2 The sea is ______________ than the pond. large

3 We are ______________ than rich people. happy

4 She is ______________ than you. young

5 You are ______________ than me. strong

6 I eat ______________ apples than Susie. many

7 History is ______________ than math. easy

8 Today is ______________ than yesterday. good

9 Susan is ______________ than her friends. tall

10 He eats ______________ than me. fast

1 다음 괄호 안에서 알맞은 것을 고르세요.

1 She is the (more famous / most famous) singer in Korea.

2 Today is the (coldest / colder) day this year.

3 Summer is the (hotter / hottest) season.

4 He is the (better / best) player in his team.

5 Mary is the (younger / youngest) in her family.

6 English is the (easiest / easier) subject for me.

7 I'm the (happier / happiest) person in the world.

8 Seoul is the (biggest / bigger) city in Korea.

9 This is the (older / oldest) city in Europe.

10 She has the (more / most) cats in town.

2 다음 주어진 단어를 알맞은 최상급으로 고쳐 문장을 완성하세요.

1 My dad has the ___biggest___ feet in my family. big

2 Math is the ____________ subject for me. difficult

3 Russia is the ____________ country in the world. large

4 Ben is the ____________ in his school. strong

5 She is the ____________ pianist in Asia. good

6 They have the ____________ books in Busan. many

7 He is the ____________ boy in my class. tall

8 Mary is the ____________ in her family. young

9 A cheetah is the ____________ animal in the world. fast

10 Today is the ____________ day this year. cold

1 다음 빈칸에 many나 much를 써서 문장을 완성하세요.

1 We have ___much___ homework.

2 I want __________ friends.

3 Our school has __________ students.

4 Trees need __________ rain.

5 The man has __________ buildings.

6 The country has __________ oil.

7 __________ people learn English.

8 The beach has __________ sand.

9 She drinks __________ coffee.

10 I need __________ potatoes.

2 다음 우리말과 일치하도록 괄호 안에서 알맞은 것을 고르세요.

1 She is (always / usually) kind to me. 그녀는 항상 나에게 친절하다.

2 My brother is (sometimes / never) late. 내 형은 절대 늦지 않는다.

3 Andy is (often / always) late for school. Andy는 자주 학교에 지각한다.

4 We (never / sometimes) play baseball. 우리는 가끔 야구를 한다.

5 My dad (usually / never) does the dishes. 내 아빠는 보통 설거지를 하신다.

6 You (never / often) walk to school. 너는 자주 걸어서 학교에 간다.

7 You (sometimes / always) skip breakfast. 너는 가끔 아침을 거른다.

8 I (always / often) play tennis. 나는 자주 테니스를 친다.

9 He (never / always) lies to me. 그는 절대 나에게 거짓말하지 않는다.

10 I (sometimes / always) wear sunglasses. 나는 항상 선글라스를 쓴다.

Chapter 4 Wrap Up

3

다음 주어진 단어를 이용하여 비교급 또는 최상급으로 바꿔 쓰세요.

1 Mary runs fast. 비교급 – Tom

→ Mary runs faster than Tom.

2 Ben is strong. 최상급 – in his school

→

3 History is easy. 비교급 – math

→

4 Mary is young. 최상급 – in her family

→

5 Susan is tall. 비교급 – her friends

→

6 He is good. 최상급 – in his team

→

7 My cat is big. 비교급 – your dog

→

8 Today is a cold day. 최상급 – this year

→

4 다음 밑줄 친 부분을 바르게 고쳐 문장을 다시 쓰세요.

1 I play often tennis. 나는 자주 테니스를 친다.

→ I often play tennis.

2 They want many money. 그들은 많은 돈을 원한다.

→

3 Math is the more difficult subject for me. 수학은 나에게 가장 어려운 과목이다.

→

4 The sea is large than the pond. 바다는 연못보다 더 크다.

→

5 He goes sometimes fishing. 그는 가끔 낚시하러 간다.

→

6 Chris is old than Nancy. Chris는 Nancy보다 나이가 더 많다.

→

7 She is beautifuler than her mom. 그녀는 그녀의 엄마보다 더 아름답다.

→

8 Much children like Christmas. 많은 어린이들은 크리스마스를 좋아한다.

→

초등 영문법

진짜진짜

쓰기 문법

JUMP 1

정답과 해설

Chapter 1 8품사 ①

Unit 1 8품사

Step 1 p.14

1 nurse
2 father
3 Erik, Sweden
4 bread, table
5 friends
6 sandwiches
7 lunch
8 puppy

1 그는 간호사이다.
2 이 사람은 나의 아버지이다.
3 Erik은 스웨덴에 산다.
4 식탁 위에 빵이 조금 있다.
5 우리는 친구들이다.
6 그는 샌드위치를 먹는다.
7 점심으로 무엇을 드실래요?
8 그녀는 새 강아지가 있다.

Step 2 p.15

1 It
2 I
3 She
4 They
5 He
6 We
7 It
8 You

1 그것은 책이다.
2 나는 행복하다.
3 그녀는 Tony를 매우 사랑한다.
4 그들은 일요일에 축구를 한다.
5 그는 Sally의 남동생이다.
6 우리는 영어를 말할 수 있다.
7 그것은 고양이다.
8 너는 학생이다.

Step 3 p.16

1 cooks
2 studies
3 sleeps
4 likes
5 eats
6 like
7 drinks
8 sings

1 Brown 씨는 저녁을 요리한다.
2 Nancy는 매일 수학을 공부한다.
3 나의 고양이는 소파 위에서 잔다.
4 나의 아빠는 커피를 좋아하신다.
5 Albert는 점심으로 샌드위치를 먹는다.
6 원숭이들은 바나나를 좋아한다.
7 그녀는 물을 마신다.
8 Mary는 노래를 부른다.

Step 4 p.17

1 부사
2 형용사
3 감탄사
4 형용사
5 전치사
6 접속사
7 전치사
8 부사

Unit 2 명사

Step 1 p.20

1 an
2 an
3 a
4 a
5 a
6 a
7 An
8 a

1 Ted는 사과를 먹고 있다.
2 나에게 생각이 있다.
3 그녀는 새 인형을 원한다.
4 우리 학교는 도서관이 있다.
5 Susie는 목걸이를 하고 있다.
6 제주도는 아름다운 섬이다.
7 1시간은 60분이다.
8 책상 위에 필통이 있다.

Step 2 p.21

1 bags	2 watches
3 foxes	4 leaves
5 babies	6 men
7 children	8 fish

Step 3 p.22

1 Amy, Canada	2 happiness
3 milk	4 wind
5 English	6 music
7 coffee	8 money

1 Amy는 캐나다에 산다.
2 우리는 행복을 원한다.
3 그 아기는 우유를 마시고 있다.
4 바람이 살살 분다.
5 그 학생들은 영어를 공부한다.
6 나는 음악을 좋아한다.
7 커피 드실래요?
8 Susan은 돈이 조금 있다.

Step 4 p.23

1 John has many pens.
2 I like pop music.
3 China is a large country.
4 It's raining! Take an umbrella!
5 There are two boxes on the floor.
6 I would like to visit London.
7 I want to be a singer.
8 There are twenty sheep.

Unit 3 대명사

Step 1 p.26

1 It, her	2 him
3 me	4 We, you
5 They, his	6 She, them
7 your	8 I, my

1 그것은 그녀의 가방이 아니다.
2 그를 봐!
3 Chris는 나를 좋아한다.
4 우리는 네가 보고 싶다.
5 그들은 그의 친구들이다.
6 그녀는 그들을 보고 싶어한다.
7 Kevin은 너의 집으로 가고 있다.
8 나는 나의 조부모님과 함께 산다.

Step 2 p.27

1 you	2 you
3 his	4 Her
5 them	6 us
7 It	8 It

Step 3 p.28

1 my	2 your
3 Her	4 Its
5 them	6 his
7 us	8 you

Step 4 p.29

1 This is not my phone.
2 We don't know her name.
3 His students are in the classroom.
4 She loves him very much.
5 They are washing their hands.
6 It is my new umbrella.
7 We write our names.
8 You are in the library.

Unit 4 동사

Step 1 p.32

1 are
2 is
3 teaches
4 lives
5 has
6 do
7 are
8 are

1 우리는 피곤하다.
2 Jake는 농구 선수이다.
3 그녀는 우리에게 수학을 가르친다.
4 그녀의 가족은 파리에 산다.
5 나의 언니는 곱슬머리를 가지고 있다.
6 나는 나의 숙제를 한다.
7 그들은 나의 반 친구들이다.
8 Jim과 Henry는 운동장에 있다.

Step 2 p.33

1 am
2 love
3 are
4 is
5 do
6 is
7 go
8 is

Step 3 p.34

1 starts
2 teaches
3 has
4 goes
5 likes
6 studies
7 does
8 sing

1 그 수업은 아홉 시에 시작한다.
2 Mark는 우리에게 역사를 가르친다.
3 그녀는 많은 숙제가 있다.
4 Tom은 아빠와 낚시하러 간다.
5 Barbara는 매운 음식을 좋아한다.
6 Jane은 수학을 매우 열심히 공부한다.
7 나의 아버지는 설거지를 하신다.
8 그들은 노래를 부른다.

Step 4 p.35

1 She is a vet.
2 My house has four rooms.
3 Mr. Davis moves the boxes.
4 Nick tries to be kind.
5 The birds fly in the sky.
6 My grandma reads the newspaper.
7 The baby cries at night.
8 You and Jane are soccer players.

Chapter 1 Test p.36~39

1 ④ 2 ⑤ 3 ③ 4 ④ 5 ② 6 ④
7 ① is ② are
8 ① a bike ② water ③ an actor ④ health
9 ① does ② plays ③ swims ④ flies
10 ① days ② music ③ snow ④ children
11 ① It ② at ③ very ④ go

12 ① They are my friends.
② Tom teaches English.
③ Jenny lives in London.
④ This is my storybook.

1 ① run은 동사, ② but은 접속사, ③ pretty는 형용사, ⑤ in은 전치사예요.

2 ⑤ leaf – leaves
f나 fe로 끝나는 명사는 f, fe를 v로 고치고 -es를 붙여요.

3 ①② 복수 형태가 불규칙한 명사예요.
④⑤ 단수와 복수의 형태가 같은 명사예요.

4 ④ me는 '나를'이라는 뜻의 목적격이기 때문에 명사 camera 앞에 쓰일 수 없어요. 소유의 의미를 나타내기 위해서는 명사 앞에 소유격을 사용해야 해요.

5 ② I visit them every Sunday.
동사 visit의 목적어 역할을 하는 목적격을 사용해야 하므로 their가 아닌 them을 써요.

6 ④ Cindy studies math.
주어 Cindy는 She처럼 동사 뒤에 -es를 써요. y로 끝나는 단어는 y를 i로 고치고 -es를 붙여요.

7 ① 그의 이름은 Andy다.
② Mary와 Jack은 정원에 있다.

8 ① 사물이 하나일 때 단어 앞에 a를 붙여요.
③ actor는 발음이 모음 a로 시작하기 때문에 하나일 때 an actor이라고 써요.
②④ water와 health는 셀 수 없는 명사이기 때문에 a나 an을 붙이지 않아요.

9 ① 나의 아빠는 설거지를 하신다.
② Alex는 야구를 한다.
③ Mike는 수영을 매우 잘한다.
④ 그 큰 새는 높이 난다.

10 ① 일주일은 7일이다.
② Tom과 나는 음악을 듣는다.
③ 많은 사람들은 눈을 좋아한다.
④ 그들은 아이 두 명이 있다.

11 오늘은 월요일이다. 나는 4시에 피아노 레슨이 있다. 나는 수요일에 축구를 한다. 나는 그것을 매우 좋아한다. 나는 매 주말마다 캠핑을 간다.

Chapter 2 8품사 ②

Unit 01 형용사

Step 1 p.44

1 hungry
2 expensive
3 clever
4 much
5 great
6 beautiful
7 many
8 sleepy

1 Judy는 배고프다.
2 이것은 비싼 차다.
3 Susan은 영리한 학생이다.
4 나는 많은 우유가 있다.
5 나는 대단한 과학자가 되고 싶다.
6 너는 아름다워 보인다.
7 그녀는 많은 친구들이 있다.
8 그 아기들은 졸리다.

Step 2 p.45

1 many
2 white
3 big
4 beautiful
5 tall
6 soft
7 delicious
8 happy

Step 3 p.46

1 cute sister
2 big animal
3 large pond
4 many books
5 much snow
6 red cap
7 smart students
8 popular singer

1 나는 귀여운 여동생이 있다.
2 그것은 큰 동물이다.
3 큰 연못이 있다.
4 그 도서관은 많은 책들이 있다.
5 이 나라는 많은 눈이 내린다.
6 나는 빨간 모자가 필요하다.
7 그들은 똑똑한 학생들이다.
8 그는 인기 있는 가수이다.

Step 4 p.47

1 I am hungry.
2 He looks happy.
3 It is a fun story.
4 This flower needs much water.
5 Cindy is thirsty.
6 Sally is a kind friend.
7 The spaghetti smells delicious.
8 We have a black cat.

Unit 2 부사

Step 1 p.50

1 slowly
2 Luckily
3 really
4 hard
5 easily
6 very
7 happily
8 quietly

1 그 차들은 느리게 움직인다.
2 다행히도 나는 마지막 표를 얻었다.
3 이 그림은 아주 아름답다.
4 Mike는 열심히 공부한다.
5 그는 그 문제를 쉽게 푼다.
6 너의 생각은 매우 좋아!
7 그 아이들은 행복하게 노래한다.
8 그들은 조용하게 말한다.

Step 2 p.51

1 late
2 fast
3 hard
4 high
5 Luckily
6 slowly
7 beautifully
8 sadly

Step 3 p.52

1 nicely
2 quietly
3 early
4 fast
5 high
6 happily
7 Luckily
8 really

Step 4 p.53

1 She runs fast.
2 He drives carefully.
3 They speak quietly.

4 Sam is so kind.
5 We study English hard.
6 I get up early.
7 Jane sings well.
8 This watch is very expensive.

Unit 3 전치사

Step 1 p.56

1 under	2 behind
3 to	4 in front of
5 in	6 at
7 on	8 on

1 개가 나무 아래에 있다.
2 그 소년은 문 뒤에 숨어 있다.
3 나는 James에게 선물을 준다.
4 나의 학교는 나의 집 앞에 있다.
5 우리는 겨울에 스키 타러 간다.
6 Kevin은 정오에 점심을 먹는다.
7 고양이가 소파 위에서 자고 있다.
8 그들은 크리스마스 날에 파티를 연다.

Step 2 p.57

1 at	2 on
3 in	4 on
5 on	6 in
7 at	8 in

Step 3 p.58

1 in Spain	2 to school
3 in my bag	4 for mom

5 in front of my school
6 on the piano
7 behind the sofa
8 by subway

1 그는 스페인에 산다.
2 Sam은 걸어서 학교에 간다.
3 책 몇 권이 나의 가방 안에 있다.
4 우리는 엄마를 위해 목걸이를 산다.
5 그 서점은 나의 학교 앞에 있다.
6 시계가 피아노 위에 있다.
7 램프는 소파 뒤에 있다.
8 나의 아빠는 지하철을 타고 출근하신다.

Step 4 p.59

1 I live in Seoul.
2 A cat is under the tree.
3 Jane is behind Susan.
4 This book is for you.
5 Tony goes to the bakery.
6 Let's meet at 5 o'clock.
7 A key is on the table.
8 We swim in summer.

Unit 4 접속사와 감탄사

Step 1 p.62

1 or	2 and
3 but	4 so
5 When	6 so
7 or	8 because

1 커피 드실래요 아니면 차 드실래요?
2 나는 햄스터 두 마리와 도마뱀 한 마리가 있다.
3 그 차는 멋지지만 비싸다.
4 Amy는 친절해서 모두가 그녀를 좋아한다.
5 눈이 올 때 우리는 스키 타러 간다.
6 나는 바빠서 밖에 나갈 수 없다.
7 그는 과학자이니 아니면 의사이니?
8 Jenny는 매우 착하기 때문에 나는 그녀를 좋아한다.

Step 2 p.63

1 but
2 and
3 and
4 or
5 so
6 but
7 or
8 so

Step 3 p.64

1 When
2 because
3 because
4 When
5 because
6 When
7 because
8 When

Step 4 p.65

1 The students are tired and hungry.
2 They can't come because they're busy.
3 We are poor but happy.
4 I go to school by bus or by bike.
5 When I read books, I listen to music.
6 She is kind so she has many friends.
7 I didn't go to school because I was sick.
8 He can speak Chinese, but I can't.

Chapter 2 Test p.66~69

1 ③ 2 ④ 3 ⑤ 4 ② 5 ③ 6 ③
7 ④ 8 ③
9 ① many ② much
③ much ④ many
10 ① but ② and
③ or ④ so
11 ① and ② When
③ because ④ or
12 ① Lucy is in the library.
② The bookstore is behind my house.
③ The soup smells very delicious.
④ Mom makes a cake for me.

1 Nick은 똑똑한 학생이다.
명사 앞에는 형용사가 와서 명사를 꾸며줘요.
2 우리는 시드니에 산다.
도시나 국가 앞에는 in을 써요.
3 나는 버스를 타고 학교에 간다.
by는 '~로'라는 뜻의 방법을 나타내는 전치사예요.
4 그들은 영어와 프랑스어를 말한다.
접속사 and는 '그리고'라는 의미예요.
5 동사 dance를 꾸며주는 부사가 와야 해요.
6 ③ I can run very fast.
fast는 형용사와 부사의 형태가 같아요.
7 ④ The picture is really beautiful.
부사 really는 형용사 beautiful을 꾸며줘요.
8 우리는 정오에 점심을 먹는다. / 나는 7시에 아침을 먹는다.
특정한 시각 앞에는 at을 써요.
9 ① 우리는 많은 책들이 있다.
② 나는 시간이 많이 없다.
③ 그 나라는 많은 눈이 내린다.
④ Jenny는 많은 친구들이 있다.
①④ 셀 수 있는 명사의 복수형 앞에는 many를 사용해요.
②③ 셀 수 없는 명사 앞에는 much를 사용해요.

Chapter 3 문장의 구성

Unit 1 주어와 동사

Step 1 p.74

1 She
2 Tom
3 Cathy
4 He
5 You
6 They
7 Jenny and Sarah
8 It

1 그녀는 똑똑하다.
2 Tom은 새 집을 원한다.
3 Cathy는 예뻐 보인다.
4 그는 유명한 가수이다.
5 너는 귀여운 판다를 좋아한다.
6 그들은 대단한 음악가들이다.
7 Jenny와 Sarah는 쿠키를 굽는다.
8 그것은 나의 작은 인형이다.

Step 2 p.75

1 are
2 sing
3 go
4 tells
5 is
6 play
7 is
8 cleans

1 개들은 친근한 동물들이다.
2 새들이 노래한다.
3 Michael과 나는 그 공원에 간다.
4 나의 할아버지는 나에게 재미있는 이야기를 말해주신다.
5 나의 롤모델은 나의 아빠다.
6 나는 첼로를 연주한다.
7 자가 책상 위에 있다.
8 그녀는 그녀의 방을 청소한다.

Step 3 p.76

	주어	동사
1	He	walks
2	Koalas	live
3	They	are
4	She	knows
5	It	is
6	I	like
7	Mark	has
8	Kelly	exercises

1 그는 걸어서 학교에 간다.
2 코알라는 호주에 산다.
3 그들은 나의 친구들이다.
4 그녀는 Nick을 안다.
5 그것은 Jenny의 정원이다.
6 나는 그녀의 새 자전거를 좋아한다.
7 Mark는 많은 책들이 있다.
8 Kelly는 저녁 식사 후에 운동한다.

Step 4 p.77

1 We like
2 Children go
3 Andy plays
4 A giraffe has
5 He swims
6 Julie learns
7 Terry is
8 They watch

Unit 2 목적어

Step 1 p.80

1 soccer
2 my sister
3 a white hat
4 the violin
5 French
6 candies
7 our parents
8 chopsticks

1 나는 일요일에 축구를 한다.
2 나는 나의 언니를 매우 사랑한다.
3 Sally는 흰색 모자를 원한다.
4 Henry는 바이올린을 연주한다.
5 나의 삼촌은 프랑스어를 공부하신다.
6 그 소년은 사탕을 좋아한다.
7 우리는 우리의 부모님은 사랑한다.
8 우리는 젓가락을 잘 사용한다.

Step 2 p.81

1 hates carrots
2 makes a pie
3 eats acorns
4 loves us
5 has two rooms
6 wrote a novel
7 teaches history
8 rides a bicycle

1 그는 당근을 몹시 싫어한다.
2 엄마는 우리를 위해 파이를 만드신다.
3 다람쥐는 도토리를 먹는다.
4 나의 할아버지는 우리를 매우 사랑하신다.
5 우리 집은 방 두 개가 있다.
6 그녀는 소설을 썼다.
7 Harry 씨는 학교에서 역사를 가르친다.
8 Sarah는 자전거를 탄다.

Step 3 p.82

1 He bought a new car.
2 My uncle teaches French.
3 My father loves my mother.
4 Tony wrote a letter.
5 Sally wants a big present.
6 I hate bad weather.
7 Mommy bear feeds her baby.
8 Mrs. White has three parrots.

Step 4 p.83

1 I love animals.
2 Sarah bought a book.
3 My uncle fixes cars.
4 Tom wants a bike.
5 The chef bakes a cake.
6 The house has a big garden.
7 My mom does the dishes.
8 He has a nice watch.

Unit 3 보어: 주격 보어

Step 1 p.86

1 a singer
2 happy
3 healthy
4 nice
5 soft
6 sweet
7 good
8 tired

1 그는 가수이다.
2 Jimmy는 행복해진다.
3 우리는 건강하다.
4 그는 새 안경을 쓰니 멋져 보인다.
5 이 베개는 푹신하게 느껴진다.
6 그 꽃은 달콤한 냄새가 난다.
7 그 쿠키들은 좋은 맛이 난다.
8 너는 오늘 피곤해 보인다.

Step 2 p.87

1 보어 2 목적어
3 보어 4 보어
5 목적어 6 보어
7 목적어 8 보어

1 나는 학생이다.
2 우리는 여름을 좋아한다.
3 공기가 시원하게 느껴진다.
4 나뭇잎은 가을에 붉어진다.
5 나의 남동생은 자전거가 있다.
6 그 소녀는 분홍색 코트를 입으니 아름다워 보인다.
7 Mike는 소설을 썼다.
8 그들은 소방관들이다.

Step 3 p.88

1 smells delicious 2 feel happy
3 is lazy 4 feels hard
5 becomes ice 6 looks handsome
7 look tired 8 becomes angry

1 이 파이는 아주 맛있는 냄새가 난다.
2 나는 나의 엄마를 볼 때 행복하다.
3 Bob은 게으르다.
4 그 침대는 딱딱하게 느껴진다.
5 물은 추울 때 얼음이 된다.
6 그는 파란색 재킷을 입으니 잘생겨 보인다.
7 너는 피곤해 보인다.
8 Brown 씨는 우리가 늦으면 화를 낸다.

Step 4 p.89

1 They look happy.
2 This sofa feels soft.
3 The flowers smell nice.
4 The weather becomes warm.
5 The children look healthy.
6 They are fashion designers.
7 Her father is a painter.
8 Pandas are cute.

Unit 4 보어: 목적격 보어

Step 1 p.92

1 boring 2 warm
3 Sarah 4 difficult
5 Mrs. White 6 Mickey
7 clean 8 happy

1 나는 그 책을 지루하게 여긴다.
2 이 코트는 너를 따뜻하게 해준다.
3 나의 할머니는 나를 Sarah라고 이름 지으셨다.
4 나는 그 수학 시험이 어렵다고 생각한다.
5 우리는 그녀를 White 부인이라고 부른다.
6 Sally는 그녀의 아기 고양이를 Mickey라고 이름 지었다.
7 우리는 우리의 교실을 깨끗하게 유지한다.
8 이 영화는 우리를 행복하게 만든다.

Step 2 p.93

	목적어	목적격 보어
1	him	Nick
2	the puppy	Max
3	his room	dirty
4	me	Terry
5	the movie	fun
6	us	warm
7	me	sad
8	the blanket	cozy

1 나는 그를 Nick이라고 부른다.
2 그녀는 그 강아지를 Max라고 이름 지었다.
3 Sam은 그의 방을 더럽게 유지한다.
4 사람들은 나를 Terry라고 부른다.
5 우리는 그 영화가 재미있다고 생각한다.
6 그 히터는 우리를 따뜻하게 해준다.
7 그 소식은 나를 슬프게 만든다.
8 그녀는 그 담요를 포근하게 여긴다.

Step 3 p.94

1 the book fun
2 parents happy
3 her sister Jenny
4 her cat Leo
5 the box empty
6 food fresh
7 trees green
8 the park clean

Step 4 p.95

1 The coat keeps you warm.
2 We call him William.
3 People named the flower Lily.
4 The news makes us happy.
5 I named my dog Sparky.
6 The test makes me nervous.
7 Cathy finds English fun.
8 She keeps her room dirty.

Chapter 3 Test p.96~99

1 ② 2 ⑤ 3 ⑤ 4 ② 5 ③ 6 ④
7 ⑤ 8 ②
9 ① wrote ② bought
③ are ④ feels
10 ① sounds ② tastes
③ smells ④ look
11 ① use chopsticks
② found the box
③ look pretty
④ call him
12 ① The weather becomes cold.
② She bakes a cake.
③ The test makes you nervous.
④ He finds English fun.

1 동사 뒤에 오는 목적어는 명사와 대명사(목적격)가 올 수 있어요. 그렇기 때문에 형용사 nice는 목적어가 될 수 없어요.
2 부사 slowly는 목적어가 될 수 없어요.
3 ⑤ They find the cake delicious.
목적어를 보충 설명해 주는 목적격 보어 자리에는 명사와 형용사가 오므로 the cake를 보충 설명하는 형용사 delicious가 와야 해요.
4 ② He made me angry.
목적격 보어 자리에는 명사와 형용사가 올 수 있어요.
5 주어를 보충 설명해 주는 주격 보어 자리에는 명사와 형용사가 오기 때문에 부사인 happily는 보어가 될 수 없어요.
6 부사 busily는 주격 보어가 될 수 없어요.
7 ⑤ A squirrel eats deliciously.
delicious는 동사 eats를 꾸며주는 부사로 만들어야 하기 때문에 주어가 하는 동작의 대상인 목적어가 될 수 없어요. delicious 뒤에 -ly를 붙여 부사로 만들어요.
8 ② Jack is a kind boy. Everyone likes him.
목적어가 대명사일 때는 목적격으로 사용해요.
9 ① Alice는 편지를 썼다.
② 그는 새 차를 샀다.
③ 그들은 소방관들이다.
④ 이 소파는 푹신하게 느껴진다.

Unit 1 수량 형용사

Step 1 p.104

1 many
2 A lot of
3 much
4 a lot of
5 Many
6 a lot of
7 many
8 much

1 나는 많은 펜들이 있다.
2 많은 사람들은 서울에 산다.
3 동물들은 많은 비가 필요하다.
4 그 남자는 많은 빌딩들이 있다.
5 많은 아이들은 크리스마스를 좋아한다.
6 나의 엄마는 많은 커피를 마신다.
7 우리는 공원에서 많은 새들을 본다.
8 우리는 많은 눈을 원한다.

Step 2 p.105

1 much
2 many
3 many
4 many
5 much
6 much
7 Many
8 much

1 그들은 많은 시간을 낭비한다.
2 우리 학교에 많은 학생들이 있다.
3 그녀는 많은 가방들을 샀다.
4 나는 많은 책들을 읽는다.
5 코끼리들은 많은 물을 마신다.
6 그 소녀는 많은 설탕을 먹었다.
7 많은 사람들은 봄을 좋아한다.
8 그 나라는 많은 석유가 있다.

Step 3 p.106

1 many friends
2 a lot of cats
3 Many children
4 a lot of candies
5 much rain
6 many sandwiches
7 a lot of people
8 much salt

1 나는 많은 친구들을 원한다.
2 너는 많은 고양이들이 있다.
3 많은 아이들은 피자를 좋아한다.
4 Henry는 많은 사탕들을 원한다.
5 나무들은 많은 비가 필요하다.
6 나의 엄마는 많은 샌드위치를 만드셨다.
7 그 경찰은 많은 사람들을 구했다.
8 유리병 안에는 많은 소금이 있다.

Step 4 p.107

1 The baby drinks much milk.
2 She bought many flowers.
3 We have much homework.
4 I bake a lot of cookies.
5 He needs much sugar.
6 A lot of people learn English.
7 I need many potatoes.
8 The beach has much sand.

Unit 8 빈도부사

Step 1 p.110

1 always
2 often
3 usually
4 sometimes
5 never
6 often
7 never
8 always

1 그들은 항상 행복하다.
2 나는 자주 배드민턴을 친다.
3 우리는 보통 도서관에서 공부한다.
4 우리는 가끔 실수를 한다.
5 나는 절대 정크 푸드를 먹지 않는다.
6 Cathy는 자주 나를 도와준다.
7 나는 절대 너에게 거짓말을 하지 않는다.
8 그녀는 항상 아침에 커피를 마신다.

Step 2 p.111

1 usually
2 always
3 often
4 sometimes
5 never
6 often
7 always
8 sometimes

Step 3 p.112

1 always wear
2 often walk
3 usually does
4 sometimes play
5 is often
6 usually eats
7 is always
8 never wastes

1 나는 항상 선글라스를 쓴다.
2 너는 자주 걸어서 학교에 간다.
3 나의 아빠가 보통 설거지를 하신다.
4 우리는 가끔 야구를 한다.
5 겨울에 자주 눈이 내린다.
6 그녀는 보통 생선을 먹는다.
7 Lisa는 항상 예의 바르다.
8 그는 절대 시간을 낭비하지 않는다.

Step 4 p.113

1 My brother is never late.
2 We usually go to bed early.
3 She sometimes eats lunch with Kate.
4 Mike is always happy.
5 We often clean the park.
6 He sometimes goes fishing.
7 I often visit you.
8 Sam always reads books.

Unit 9 비교급

Step 1 p.116

1 stronger
2 taller
3 harder
4 worse
5 shorter
6 more beautiful
7 faster
8 more difficult

1 너는 나보다 힘이 더 세다.
2 Susan은 그녀의 남동생보다 키가 더 크다.
3 다이아몬드는 돌보다 더 단단하다.
4 날씨가 어제보다 더 나쁘다.
5 사자는 기린보다 키가 더 작다.
6 그녀는 그녀의 어머니보다 더 아름답다.
7 그는 나보다 더 빨리 먹는다.
8 수학은 과학보다 더 어렵다.

Step 2 p.117

1 older
2 cheaper
3 warmer
4 heavier
5 more famous
6 bigger
7 smarter
8 faster

Step 3 p.118

1 more
2 younger
3 easier
4 bigger
5 better
6 more important
7 taller
8 wiser

1 나는 너보다 더 많은 펜들이 있다.
2 그녀는 너보다 더 어리다.
3 영어는 수학보다 더 쉽다.
4 나의 고양이는 그의 개보다 더 크다.
5 나의 집은 여기보다 더 좋다.
6 건강은 돈보다 더 중요하다.
7 Susan은 그녀의 친구들보다 키가 더 크다.
8 나의 아버지는 나보다 더 현명하시다.

Step 4 p.119

1 This week is colder than last week.
2 We are happier than rich people.
3 I ate more bread than Susie.
4 This bag is more expensive than that bag.
5 The sea is larger than the pond.
6 Your camera is better than my camera.
7 History is easier than math.
8 I go to bed earlier than you.

Unit 5 최상급

Step 1 p.122

1 tallest
2 most famous
3 hottest
4 best
5 most
6 biggest
7 most beautiful
8 easiest

1 기린은 그 동물원에서 가장 키가 큰 동물이다.
2 이것은 TV에서 가장 유명한 프로그램이다.
3 어제는 올해 들어 가장 더운 날이었다.
4 John은 그의 팀에서 최고의 선수이다.
5 Brown 부인은 마을에서 가장 많은 고양이가 있다.
6 서울은 한국에서 가장 큰 도시이다.
7 그녀는 나에게 가장 아름다운 여자이다.
8 영어는 나에게 가장 쉬운 과목이다.

Step 2 p.123

1 oldest
2 youngest
3 longest
4 coldest
5 smartest
6 fastest
7 most popular
8 hottest

Step 3 p.124

1 largest
2 most expensive
3 best
4 most famous
5 happiest
6 most
7 biggest
8 most difficult

1 러시아는 세계에서 가장 큰 나라이다.
2 이 셔츠는 그 가게에서 가장 비싸다.
3 그는 나에게 최고의 선생님이다.
4 그녀는 한국에서 가장 유명한 가수이다.
5 나는 세계에서 가장 행복한 사람이다.
6 그 서점은 부산에서 가장 많은 책을 가지고 있다.
7 나의 아빠는 우리 가족 중에서 발이 가장 크시다.
8 수학은 나에게 가장 어려운 과목이다.

Step 4 p.125

1 She is the most popular girl in my class.
2 Science is the most difficult subject for me.
3 This is the oldest city in Europe.
4 It is the most beautiful in the museum.
5 She is the best pianist in Asia.
6 Ben is the strongest in his school.
7 It is the largest animal in the world.
8 This is the earliest train to Busan.

Chapter 4 Test p.126~129

1 ⑤ 2 ④ 3 ④ 4 ③ 5 ④ 6 ②
7 ④ 8 ③
9 ②
10 ① more expensive ② faster
③ biggest ④ tallest
11 ① I sometimes have dinner with Kelly.
② She is always kind to me.
③ Jenny is never late for work.
④ I often play soccer with my dad.
12 ① A lot of people learn French.
② She usually eats lunch with me.
③ I have more pens than you.
④ English is the easiest subject for me.

1 much는 셀 수 없는 명사 앞에서만 사용할 수 있기 때문에 셀 수 있는 명사의 복수형인 books는 올 수 없어요.
2 many는 셀 수 있는 명사의 복수형 앞에만 쓸 수 있어요. 그래서 셀 수 없는 명사인 coffee는 올 수 없어요.
3 birds는 셀 수 있는 복수 명사이므로 앞에 much를 쓸 수 없어요.
4 ③ heavy – heavier
형용사 heavy는 〈자음+y〉로 끝나기 때문에 y를 i로 고치고 -er을 붙여요.
5 ④ bad – worst
bad는 불규칙하게 바뀌어요.
6 그녀는 너보다 더 어리다.
She와 you 두 대상을 비교하고 있으므로 비교급을 사용하고, 형용사 young에 -er을 붙여 만들어요.
7 건강은 돈보다 더 중요하다.
Health와 money 두 대상을 비교하고 있고, 2음절 이상의 형용사 앞에는 more를 붙여요.
8 His painting is the most beautiful in the museum.
형용사 beautiful은 2음절 이상이므로 앞에 most를 붙여서 최상급을 써요.
9 John은 학교에서 가장 똑똑한 학생이다. / 나에게 수학은 과학보다 더 어렵다.
최상급 앞에는 the를 붙여서 '가장 ~한'이라는 뜻으로 사용해요. / 비교급에서 2음절 이상의 형용사 앞에는 more를 붙여요.
10 ① 그 소파는 그 식탁보다 더 비싸다.
② Mary는 Tom보다 더 빨리 달린다.
③ 나의 아빠는 우리 가족 중에서 발이 가장 크시다.
④ Sam은 나의 반에서 가장 키가 큰 학생이다.
11 ① 나는 가끔 Kelly와 저녁 식사를 한다.
② 그녀는 항상 나에게 친절하다.
③ Jenny는 절대 직장에 늦지 않는다.
④ 나는 자주 나의 아빠와 축구를 한다.
①④ 빈도부사가 일반동사와 쓰일 때는 일반동사 앞에 와요.
②③ 빈도부사가 be동사와 함께 쓰일 때는 be동사 뒤에 와요.

초등 영문법

진짜진짜

쓰기 문법

JUMP 1

Workbook

정답과 해설

Chapter 1 8품사 ①

Unit 1 8품사

1 p.2

1 동사
2 명사
3 대명사
4 형용사
5 대명사
6 동사
7 명사
8 명사
9 형용사
10 대명사

2 p.3

1 부사
2 감탄사
3 전치사
4 접속사
5 전치사
6 부사
7 감탄사
8 접속사
9 부사
10 전치사

Unit 2 명사

1 p.4

1 an / an idea
2 ✕ / water
3 a / a singer
4 ✕ / Canada
5 an / an elephant
6 ✕ / love
7 a / a pen
8 an / an island
9 a / a necklace
10 a / a doll

2 p.5

명사	복수형
chair	chairs
dish	dishes
sheep	sheep
fox	foxes
woman	women
baby	babies
leaf	leaves
pencil	pencils
tooth	teeth
bag	bags

명사	복수형
piano	pianos
child	children
apple	apples
knife	knives
tomato	tomatoes
doll	dolls
deer	deer
watch	watches
man	men
car	cars

Unit 3 대명사

1 p.6

1 He 2 She
3 her 4 They
5 It 6 him
7 We 8 It
9 them 10 his

2 p.7

1 you 2 It
3 us 4 your
5 them 6 his
7 Her 8 my
9 She 10 We

Unit 4 동사

1 p.8

1 are 2 am
3 is 4 are
5 are 6 is
7 am 8 are
9 is 10 is

2 p.9

1 swims 2 fly
3 love 4 goes
5 reads 6 studies
7 teaches 8 cries

Chapter 1 Wrap Up

1 p.10

1 John 2 happiness
3 London 4 music
5 wind 6 coffee
7 English 8 China
9 money 10 water

2 p.11

1 They 2 my
3 you 4 Its
5 her 6 us
7 his 8 Her
9 my 10 them

3 p.12

1 his 2 my
3 him 4 us
5 them 6 your
7 Her 8 my
9 our 10 him

4 p.13

1 does 2 is
3 am 4 likes
5 go 6 has
7 swims 8 tries
9 are 10 sing

Chapter 2 8품사 ②

Unit 1 형용사

1 p.14

1 hungry	2 white
3 popular	4 tall
5 beautiful	6 delicious
7 tired	8 big
9 many	10 cute

2 p.15

1 cute	2 smart
3 happy	4 famous
5 big	6 soft
7 red	8 kind

Unit 2 부사

1 p.16

1 hard	2 well
3 early	4 quietly
5 carefully	6 Luckily
7 really	8 fast
9 very	10 happily

2 p.17

1 slowly	2 late
3 beautifully	4 high
5 Happily	6 really
7 fast	8 easily
9 hard	10 sadly

Unit 3 전치사

1 p.18

1 at	2 in
3 on	4 in
5 at	6 on
7 at	8 in
9 in	10 on

2 p.19

1 in front of	2 on
3 in	4 under
5 behind	6 in
7 on	8 under
9 behind	10 in

Unit 4 접속사와 감탄사

1 p.20

1 or
2 and
3 When
4 but
5 so
6 or
7 because
8 but
9 and
10 When

2 p.21

1 When
2 but
3 so
4 because
5 and
6 or
7 When
8 because

Chapter 2 Wrap Up

1 p.22

1 clever
2 many
3 expensive
4 thirsty
5 black
6 famous
7 delicious
8 happy
9 new
10 long

2 p.23

1 very
2 carefully
3 fast
4 late
5 slowly
6 well
7 high
8 Luckily
9 happily
10 quietly

3 p.24

1 for
2 behind
3 to
4 on
5 by
6 in front of
7 in
8 under

4 p.25

1 but
2 or
3 When
4 and
5 so
6 because
7 and
8 but
9 but
10 because

Chapter 3 문장의 구성

Unit 1 주어와 동사

1 p.26

1 주어: My brothers 동사: are
2 주어: Cathy 동사: looks
3 주어: It 동사: is
4 주어: Michael and I 동사: go
5 주어: I 동사: like
6 주어: He 동사: swims
7 주어: Koalas 동사: live
8 주어: They 동사: are
9 주어: Jenny and Sarah 동사: bake
10 주어: I 동사: play

2 p.27

	주어	동사
1	Mark	has
2	We	walk
3	Children	go
4	They	watch
5	It	is
6	She	knows
7	I	exercise
8	The ruler	is
9	Elephants	are
10	He	likes

Unit 2 목적어

1 p.28

1 glasses 2 basketball
3 a bike 4 acorns
5 a candy 6 the violin
7 me 8 soccer
9 a novel 10 English

2 p.29

1 three parrots. 2 my mom.
3 French. 4 a bicycle.

1 She has three parrots.
2 My dad loves my mom.
3 He teaches French.
4 I ride a bicycle.

Unit 3 주격 보어

1 p.30

1 soft 2 students
3 nice 4 a painter
5 pretty 6 good
7 lazy 8 nervous
9 cool 10 happy

2 — p.31

1 cute.
2 tired.
3 smells nice.
4 feels hard.

1 Pandas are cute.
2 You look tired.
3 This shampoo smells nice.
4 This bed feels hard.

Unit 4 목적격 보어

1 — p.32

1 목적어: English 목적격 보어: easy
2 목적어: me 목적격 보어: Terry
3 목적어: us 목적격 보어: warm
4 목적어: the puppy 목적격 보어: Max
5 목적어: the box 목적격 보어: empty
6 목적어: parents 목적격 보어: happy
7 목적어: the park 목적격 보어: clean
8 목적어: him 목적격 보어: Nick
9 목적어: me 목적격 보어: sad
10 목적어: the book 목적격 보어: boring

2 — p.33

1 my dog Sparky
2 me nervous
3 the park clean
4 English fun
5 trees green
6 her Jenny
7 his room dirty
8 us happy

Chapter 3 Wrap Up

1 — p.34

1 보어: firefighters
2 주어: She
3 목적어: a white hat
4 동사: like
5 주어: Jenny and Sarah
6 보어: Nick
7 목적어: a bike
8 보어: handsome
9 동사: learns
10 주어: They

2 — p.35

1 동사
2 보어
3 주어
4 목적어
5 보어
6 주어
7 동사
8 목적어

3 — p.36

1 look tired
2 He is
3 English easy
4 is lazy
5 the park clean
6 He swims
7 feels hard
8 wants a bike

4 — p.37

1 We like English.
2 He teaches French.
3 The flowers smell nice.
4 He keeps his room dirty.
5 I play the cello.
6 I named my dog Sparky.
7 The cookies taste good.
8 My parents love me.

Chapter 4 형용사와 부사

Unit 1 수량 형용사

1 p.38

1 much
2 A lot of
3 many
4 a lot of
5 many
6 much
7 Many
8 a lot of
9 much
10 a lot of

2 p.39

1 many
2 much
3 Many
4 much
5 many
6 many
7 much
8 much
9 many
10 much

Unit 2 빈도부사

1 p.40

1 sometimes
2 never
3 often
4 always
5 usually
6 often
7 never
8 sometimes
9 usually
10 always

2 p.41

1 often
2 sometimes
3 always
4 usually
5 never
6 always
7 usually
8 often
9 never
10 sometimes

Unit 3 비교급

1 p.42

1 taller
2 heavier
3 more
4 older
5 worse
6 bigger
7 faster
8 easier
9 better
10 more beautiful

2 p.43

1 bigger
2 larger
3 happier
4 younger
5 stronger
6 more
7 easier
8 better
9 taller
10 faster

Unit 4 최상급

1 p.44

1 most famous
2 coldest
3 hottest
4 best
5 youngest
6 easiest
7 happiest
8 biggest
9 oldest
10 most

2 p.45

1 biggest
2 most difficult
3 largest
4 strongest
5 best
6 most
7 tallest
8 youngest
9 fastest
10 coldest

Chapter 4 Wrap Up

1 p.46

1 much
2 many
3 many
4 much
5 many
6 much
7 Many
8 much
9 much
10 many

2 p.47

1 always
2 never
3 often
4 sometimes
5 usually
6 often
7 sometimes
8 often
9 never
10 always

3 p.48

1 Mary runs faster than Tom.
2 Ben is the strongest in his school.
3 History is easier than math.
4 Mary is the youngest in her family.
5 Susan is taller than her friends.
6 He is the best in his team.
7 My cat is bigger than your dog.
8 Today is the coldest day this year.

4 p.49

1 I often play tennis.
2 They want much money.
3 Math is the most difficult subject for me.
4 The sea is larger than the pond.
5 He sometimes goes fishing.
6 Chris is older than Nancy.
7 She is more beautiful than her mom.
8 Many children like Christmas.